上海智库报告文库
SHANGHAI ZHIKU BAOGAO WENKU

新质之力

上海专精特新『小巨人』

于舰 何啸 刘慧雯 著

上海人民出版社

编审委员会

主　任：赵嘉鸣

副主任：权　衡　周亚明

委　员（以姓氏笔画为序）：

　　　　　干春晖　王为松　叶　青　吕培明

　　　　　刘元春　祁　彦　阮　青　李友梅

　　　　　李安方　李岩松　张忠伟　陈东晓

　　　　　陈志敏　陈殷华　顾　锋　顾红亮

　　　　　梅　兵　曾　峻　温泽远

序

　　智力资源是一个国家、一个民族最宝贵的资源。建设中国特色新型智库，是以习近平同志为核心的党中央立足新时代党和国家事业发展全局，着眼为改革发展聚智聚力，作出的一项重大战略决策。党的十八大以来，习近平总书记多次就中国特色新型智库建设发表重要讲话、作出重要指示，强调要从推动科学决策、民主决策，推进国家治理体系和治理能力现代化、增强国家软实力的战略高度，把中国特色新型智库建设作为一项重大而紧迫的任务切实抓好。

　　上海是哲学社会科学研究的学术重镇，也是国内决策咨询研究力量最强的地区之一，智库建设一直走在全国前列。多年来，上海各类智库主动对接中央和市委决策需求，主动服务国家战略和上海发展，积极开展研究，理论创新、资政建言、舆论引导、社会服务、公共外交等方面功能稳步提升。当前，上海正在深入学习贯彻习近平总书记考察上海重要讲话精神，努力在推进中国式现代化中充分发挥龙头带动和示范引领作用。在这一过程中，新型智库发挥着不可替代的重要作用。市委、市政府对此高度重视，将新型智库建设作为学习贯彻习近平文化思想、加快建设习近平文化思想最佳实践地的骨干性工程重点推进。全市新型智库勇挑重担、知责尽责，紧紧围绕党中央赋予上海的重大使命、交办给上海的重大任务，紧紧围绕全市发展大局，不断强化问题导向和实践导向，持续推出有分量、有价值、有思想的智库研究成果，涌现出一批具有中国特色、时代特征、上海特点的新型智库建设品牌。

"上海智库报告文库"作为上海推进哲学社会科学创新体系建设的"五大文库"之一，是市社科规划办集全市社科理论力量，全力打造的新型智库旗舰品牌。文库采取"管理部门＋智库机构＋出版社"跨界合作的创新模式，围绕全球治理、国家战略、上海发展中的重大理论和现实问题，面向全市遴选具有较强理论说服力、实践指导力和决策参考价值的智库研究成果集中出版，推出一批代表上海新型智库研究水平的精品力作。通过文库的出版，以期鼓励引导广大专家学者不断提升研究的视野广度、理论深度、现实效度，营造积极向上的学术生态，更好发挥新型智库在推动党的创新理论落地生根、服务党和政府重大战略决策、巩固壮大主流思想舆论、构建更有效力的国际传播体系等方面的引领作用。

党的二十届三中全会吹响了以进一步全面深化改革推进中国式现代化的时代号角，也为中国特色新型智库建设打开了广阔的发展空间。希望上海新型智库高举党的文化旗帜，始终胸怀"国之大者""城之要者"，综合运用专业学科优势，深入开展调查研究，科学回答中国之问、世界之问、人民之问、时代之问，以更为丰沛的理论滋养、更为深邃的专业洞察、更为澎湃的精神动力，为上海加快建成具有世界影响力的社会主义现代化国际大都市，贡献更多智慧和力量。

中共上海市委常委、宣传部部长　赵嘉鸣

2025 年 4 月

目　录

前　言

　　天空中有璀璨的明星，也有万千闪亮的小星星，它们在一起才有了灿烂的星空。中国有万千市场主体，它们通过有机组合，构造了中国经济这艘巨轮。2022 年，当我第一次见到上海市中小企业发展服务中心卫丙戊主任的时候，他对我说上海是专精特新中小企业的发源地，专精特新中小企业在细分领域很优秀，有很多值得研究发掘的闪光点。他对专精特新中小企业的推介和褒扬触动了我，多年来从事财经媒体工作，我知道大型企业、明星企业会更易引起社会的关注，但在中国这片土地上，同样为中国经济发展作出卓越贡献的中小企业却鲜有在聚光灯下出现的机会。那么，我们是不是可以去做一件关注它们、服务它们、研究它们的事呢。

　　于是，为发掘和展现上海经济高质量发展中来自中小企业身上的韧性力量，也为了展示它们，第一财经研究院携手上海市中小企业发展服务中心，在 2023 年开始对上海"3 + 6"产业范畴的专精特新"小巨人"企业进行调研。

　　"3 + 6"产业是《上海市先进制造业发展"十四五"规划》中提出构建的新型产业体系，其中，"3"指的是集成电路、生物医药、人工智能三大先导产业，也称"三大核心产业"，"6"指的是电子信息、生命健康、汽车、高端装备、先进材料、时尚消费品产业，也称"六大重点产业"。三大先导产业是六大重点产业的"子领域"和先行领域，也是六大重点产业中承担国家战略、体现高端引领功能的细分领域，被放在了更加突出的位置。

德国有类似于中国的专精特新"小巨人"企业，被学者称为产业细分领域的"隐形冠军"，它们创新能力强、市场占有率高、掌握关键核心技术、质量效益优，是经济发展的排头兵企业。"3＋6"产业内的专精特新"小巨人"企业是上海市新型产业体系建设的基石与动力，也是产业领域的活跃力量，我们把目光聚焦于它们，呈现这类企业的发展状况，也想为政策制定者、市场参与者第一时间了解上海市相关产业以及产业领头羊的发展情况提供参考，并基于实地调研深入探讨上海新型产业发展的优势与不足，为助力产业蓬勃发展提供一些前沿素材。

随着全球经济的深刻变革和科技的快速发展，建设现代化产业体系、加快发展新质生产力已成为推动我国经济高质量发展的重要途径。上海作为我国经济发展的头部城市之一，其产业发展状况对于全国乃至全球经济都具有重要影响。近年来，上海在经济发展方面取得了显著成就，其中，"3＋6"产业体系的建设和专精特新"小巨人"企业的发展都起到了关键作用。

本书梳理了上海近年来经济发展情况，特别是"3＋6"产业和专精特新"小巨人"企业的发展状况。通过收集相关数据和资料，运用定量和定性分析方法，评估这些产业和企业在经济发展中的贡献和作用。同时，剖析了上海"3＋6"产业的结构、产业链、技术创新等方面的情况，通过 SWOT 分析等方法，尽可能更多地透视上海

"3 + 6"产业的发展优势、劣势、机遇和挑战，为建设现代化产业体系提供依据。本书通过抽样调研一线案例的呈现与分析，总结了专精特新"小巨人"企业的成功经验和发展模式，探讨如何进一步支持中小企业并推动发展新质生产力。最后，本书结合上海的实际情况，提出切实可行的解决方案和发展路径，这些建议和措施主要针对调研中带回来的有关产业和企业发展中存在的问题和挑战。

在撰写本书的过程中，印象非常深刻的是我们课题组的成员深入一线走访那些扎根于上海的专精特新"小巨人"企业：给茅台酒做防伪标识的新材料企业天臣集团，做政府与大型企业供应商身份安全认证的派拉软件，最早的一批海归创业企业之一吉尔生化，跟病毒进行赛跑的之江生物，解决万千前列腺病人难言之痛的激光医疗器械企业瑞柯恩，10多年前就从房地产行业走出来转身深植中华历史文物保护领域的企业建为历保等，在此不一一列举。从这些鲜活的市场主体中我们真实地感受到撑起中国经济、上海经济发展的那些于细微处不可缺少的韧性力量，还有这些专精特新"小巨人"的创业者们体现出来的那种耐得住寂寞专研科技的企业家精神，这些都是值得我们传扬的力量。将这些实地走访所获得的资料和声音融入本书，也是想使本书的内容离现实更近一些，更有针对性和实用性。

我想用调研时几位科学家创业者曾说过的话，放在这里和读者共勉："时代需要一米宽百米深"的精神；要有专研的精神，"一生只做一件事，把它做好"。当我们看着一位满头白发的科学家创业者在简朴的办公室里说出这样的话时，内心是感动的。时代需要专精特新的精神，因为他们不仅为社会创造了物质财富，同时也创造了宝贵的精神财富。

第一财经总编辑　杨宇东

第一章
专精特新"小巨人"企业正在成为上海经济发展的中坚力量

  党的二十大报告提出,要"支持专精特新企业发展,推动制造业高端化、智能化、绿色化发展"。专精特新企业的发展近年来备受关注,这类企业是经济高质量发展的重要支撑力量,也是我国企业作为创新主体实现科技强国的具体践行者。专精特新企业中的佼佼者——专精特新"小巨人"企业其发展水平更是在一定程度上代表着当地高端制造业的发展潜力和企业创新能力。

  关注这些企业的发展也是我国实现"推动战略性新兴产业融合集群发展,构建新一代信息技术、人工智能、生物技术、新能源、新材料、高端装备、绿色环保等一批新的增长引擎"的必然要求。

第一节 全国专精特新"小巨人"企业的发展情况

中小企业是我国经济社会发展中不可或缺的力量，对于扩大就业、改善民生、促进经济发展等具有不可替代的作用。我国始终重视中小企业的发展，党的二十大报告提出："支持中小微企业发展。深化简政放权、放管结合、优化服务改革。"此前，《"十二五"中小企业成长规划》《关于进一步支持小型微型企业健康发展的意见》，《促进中小企业发展规划（2016—2020年）》等政策的出台为中小企业的发展创造了良好的环境。根据中小企业协会数据显示，截至2024年上半年，我国中小微企业数量超过5300万家。

中小企业里有一批企业拥有极强的创新能力和发展韧性，在细分领域为提升产业链供应链的稳定作出了许多贡献，是中小企业的先进代表，它们就是专精特新"小巨人"企业。

我国对中小企业的创新发展十分重视，持续推出了一系列创新激励政策。2013年，工信部出台了《关于促进中小企业"专精特新"发展的指导意见》，又于2018年印发了《关于开展专精特新"小巨人"企业培育工作的通知》，此后，专精特新一词频繁出现在中央层面的有关会议及文件之中。2022年6月工信部发布的《优质中小企业梯度培育管理暂行办法》将优质中小企业的发掘和培育分为三个梯度：创新型中小企业、专精特新中小企业和专精特新"小巨人"企业。2024年，《关于进一步支持专精特新中小企业高质量发展的通知》出台，明确将通过中央财政资金进一步支持专精特新中小企业高质量发展，为加快推进新型工业化、发展新质生产力、完善现代化产业体系提供有力支撑。按照工信部文件中的定义，专精特新中小企业，即走"专业化、精细化、特色化、新颖化"发展之路的中小企业，而专精特新"小巨人"企业则是专精特新中小企业中的佼佼者，是专注于细分市场、创新能力强、市场占有率高、掌握关键核心技术、质量效益优的排头兵企业。"小巨人"企业由此开始为人所知。

据工信部数据，截至 2024 年 6 月，我国已经累计培育了超过 14 万家专精特新企业，其中专精特新"小巨人"企业达到 1.2 万家。

2023 年 1—11 月份，专精特新"小巨人"企业、专精特新中小企业的营收利润率分别比规上（规模以上）中小企业高了 6 个和 3.1 个百分点。截至 2023 年 7 月底，已累计有 1600 多家专精特新中小企业在 A 股上市，占 A 股上市企业的比例超过 30%，1—7 月 A 股新上市企业中专精特新中小企业占比是 60%，充分展现了专精特新中小企业发展的韧性和活力。2024 年 1—8 月，专精特新"小巨人"企业、专精特新中小企业用电量同比分别增长 7.9%、5.0%，企业蓬勃发展势头强劲。全国各地都将"专精特新"作为发展关键词，频频出台相

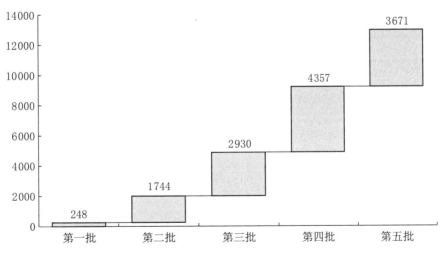

图 1-1　全国专精特新"小巨人"企业数量（单位：家）

数据来源：中国中小企业发展促进中心、第一财经研究院。

关政策文件，助力相关行业企业发展。

截至 2024 年 8 月底，工信部已经培育认定了五批国家专精特新"小巨人"企业，累计公示 12950 家。

据中国中小企业发展促进中心数据显示，从地区分布来看，我国专精特新"小巨人"企业分布于全国 31 个省份，其中 20 个省份均拥有超过 100 家专精特新"小巨人"企业。浙江、广东、山东、江苏四个省份的"小巨人"企业数量多达千家。各区域"小巨人"企业的数量与当地经济发展和各地产业结构密切相关。从城市分布来看，北京、上海、深圳的专精特新"小巨人"企业数量在各城市中分布最多。

据德勤披露的 2024 年专精特新发展指数情况来看，基于 10 座较有代表性的城市专精特新企业发展指数的对比，包括华北地区的北京，西部地区的成都，长三角地区的上海、苏州、杭州、南京、合肥和宁波，大湾区的深圳和广州，其中上海在专精特新综合指标表现最优，并且在各项"五力"（活跃力、影响力、成长力、创新力、引领力）指标上位列前三，综合表现排在首位，但相较于其他城市在某些方面仍然还有一定进步空间。例如，深圳在活跃力方面优于上海，具体表现在培育数量及工业"六基"的占比上优于上海；另外，苏州在成长力方面名列前茅，主要是专精特新企业的平均营收规模和利润方面表现更好。

第二节　上海经济发展与专精特新"小巨人"企业发展

作为我国经济、金融、贸易、航运与科技创新中心，上海经济发展始终备受关注。2023 年 12 月，习近平总书记在上海考察时明确指出，加快建设"五个中心"，是党中央赋予上海的重要使命。上海要以此为主攻方向，统筹牵引经济社会发展各方面工作，坚持整体谋划、协同推进，重点突破、以点带面，持续提升城市能级和核心竞争力。

近年来，上海已经取得一定的发展成绩。据上海市统计局数据，2023 年全市生产总值达 4.72 万亿元，人均生产总值达 17.8 万元。目前上海已经形成具有全球影响力的科技创新中心基本框架，同时，金融市场交易总额从 2017 年的 1428.4 万亿元增加到 3300 万亿元。口岸贸易总额突破 10 万亿元、占全球比重提高到 3.6% 左右，保持世界城市首位。上海港集装箱吞吐量达到 4915.8 万标准箱、连续 14 年排名世界第一。上海正逐步实现自身"五个中心"的定位，引领全国经济发展。

同时，上海发展新动能加速壮大。2023 年，上海工业战略性新兴产业总产值占规模以上工业总产值的比重从 2017 年的 30.8% 提高到 43.9% 左右，其中集成电路、生物医药、人工智能三大先导产业规模达到 1.6 万亿元。截至 2023 年底，上海已经搭建国家级（3 家）、市级（11 家）两级制造业创新中心网络，专精特新企业已经从 2017 年的 1665 家增加到 10087 家，其中国家级专精特新"小巨人"企业 688 家。2024 年，上海市专精特新企业再增 1379 家，总数升至 11466 家。

上海是我国专精特新企业培育先行者和探路者，自 2010 年起在全国范围内率先开展专精特新企业培育工作，先后发布了《上海市促进中小企业发展条例》《上海市"十四五"促进中小企业发展规划》等政策规划。在《上海市先进制造业发展"十四五"规划》中，强调了培育专精特新企业：坚持培优企业与做强产业相结合，分层培育专精特新中小企业群体，积极引导中小企业走专业化、精细化、特色化、新颖化的发展道路，增强核心竞争力，围绕产业基础领域和制造业重点领域，培育一批专精特新"小巨人"企业，打造一批具有创新能力的排头兵企业和具有全球竞争力的制造业单项冠军企业。截至2024年9月，上海在十四五期间已新培育超过9000家专精特新企业。

上海的专精特新企业以及专精特新"小巨人"企业数量均在全国名列前茅。"小巨人"企业在技术创新和产品研发方面具有较强的市场竞争优势，上海要发展新兴产业，突破关键领域，离不开"小巨人"企业的助力。

从企业数量来看，上海第一批和第二批专精特新"小巨人"企业复核通过的企业仍占少数，数量为55家。随着一系列支持专精特新中小企业高质量发展的政策出台以及经济的快速发展，上海第三批审

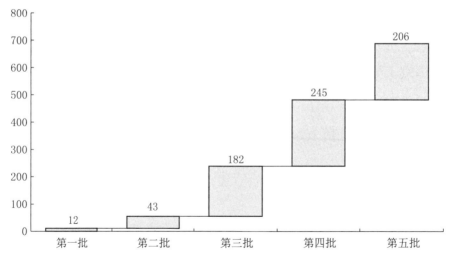

图1-2　上海专精特新"小巨人"企业批次及数量（单位：家）

数据来源：上海市经济和信息化委员会、第一财经研究院。

核通过的"小巨人"企业数量相比前两批呈现跨越式增长，达到 182 家。第四批"小巨人"企业数量最多，有 245 家，占总数的 35.61%。由于疫情等因素的影响，上海中小企业面临一定的经营压力，第五批审核通过的企业数量略有下降，但数量依然超过了 200 家。

从专利数量来看，每批的企业平均专利数量随着批次的增加而减少。截至 2024 年 3 月末，第一批企业的平均专利数量约达 274 项，而第五批企业的平均专利数量仅为 170 项，相差了 100 多项。此外，每批次企业之间的专利数量差距较大，且随着批次的增加差距加大。例如，第一批的企业里，专利数量最多的有 541 项专利，最少的企业是 86 项专利，相差 455 项。第五批的企业里，有企业的专利数量高达 2465 项，而最少的只有 1 项，相差 2464 项。

表 1-1　上海专精特新"小巨人"企业专利数量

批　次	专利数量（项）	企业最多专利（项）	企业最少专利（项）
第一批	3293	541	86
第二批	11173	1111	48
第三批	35621	1701	8
第四批	44617	1394	3
第五批	35093	2465	1

数据来源：上海市经济和信息化委员会、智慧芽、第一财经研究院。

从地域分布来看，上海市内专精特新"小巨人"企业数量排名前五的行政区分别是浦东新区、闵行区、松江区、嘉定区和金山区，数量约占上海"小巨人"企业总数的 71%。普陀区、静安区、黄浦区、虹口区和崇明区"小巨人"企业数量较少，均不超过 10 家。上海市中心区域（如静安区、黄浦区等）地段繁华，商业楼较多，租金也较高，因而大多数入驻的都是实力较强的外企、国企这类大型企业。"小巨人"企业是仍处于成长期的中小企业，因此在地理位置的选择上偏向于租金较低的外围区域。浦东新区"小巨人"企业数量排名第一有据可循。以浦东新区的张江高科技园区为例，园区已汇集24000多家企业，初步形成了以信息技术、生物医药为重点的主导产业。此外，浦东新区不断推进特色产业园区的高质量发展，已将城投·老港低碳循环产业园区等3个园区认定为2023年浦东新区区级特色产业园区。

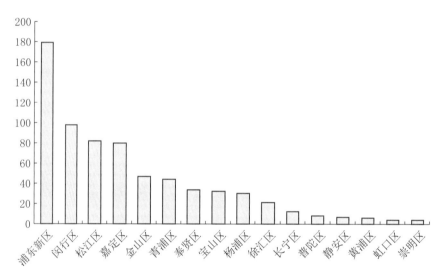

图1-3　上海专精特新"小巨人"企业区域分布（单位：家）

数据来源：Wind、第一财经研究院。

从行业分布来看，超过一半的上海专精特新"小巨人"企业都属于制造业，其次为科学研究和技术服务业，占比约为32%。数量排名第三的行业为信息传输、软件和信息技术服务业，共79家。多数上海的"小巨人"企业属于制造业并非偶然，制造业一直以来都是实体经济的主体，为上海的经济发展提供了重要支撑。上海正不断推进先进制造业高质量发展，通过推进战略性新兴产业发展，提升制造业整体水平。2023 年，上海市工业战略性新兴产业总产值占规模以上工业总产值比重达到 43.9%，集成电路、生物医药、人工智能产业规模达到 1.6 万亿元。

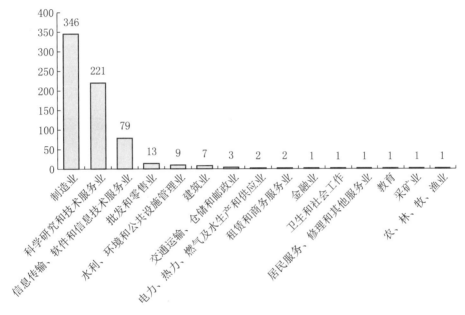

图 1-4　上海专精特新"小巨人"企业行业分布（单位：家）

数据来源：Wind、第一财经研究院。

从细分行业来看，专注于计算机、通信和其他电子设备制造业的"小巨人"企业数量是最多的，在上海制造业"小巨人"企业总数中超过五分之一，其次是专用、通用设备制造业等行业。可以发现，上海专精特新"小巨人"企业聚焦在核心零部件、关键材料、先进工艺等领域，与国家战略高度契合。在国家"十四五"规划中，重点提到了加快新一代信息技术、生物技术、新能源、新材料、高端装备、新能源汽车、绿色环保以及航空航天、海洋装备等战略性新兴产业的技术创新应用。2021 年 7 月，《上海市先进制造业发展"十四五"规划》出炉，提出 5 年构建"3 + 6"新型产业体系，即三大先导产业、六大重点产业。其中，"3"（也称三大核心产业）指的是集成电路、生物医药、人工智能，"6"（六大重点产业）指的是电子信息、生命健康、汽车、高端装备、先进材料、时尚消费品。"3"是"6"的"子领域"和先行领域，三大先导产业是六大重点产业中承担国家战略、体现高端引领功能的细分领域，被放在了更加突出的位置。上海专精特新"小巨人"企业大多都能归类到"3＋6"产业之中。

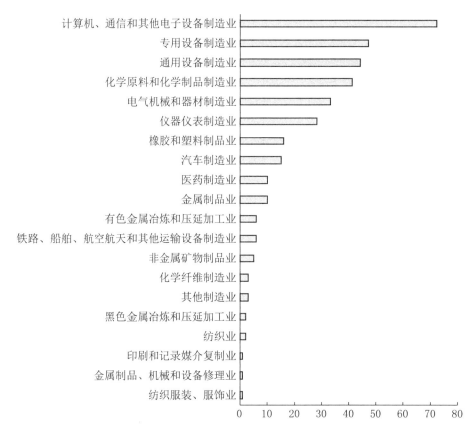

图 1-5　上海专精特新"小巨人"企业细分行业分布（单位：家）

数据来源：Wind、第一财经研究院。

2023 年 6 月 15 日，上海市人民政府办公厅印发《上海市推动制造业高质量发展三年行动计划（2023—2025 年）》，其中指出，到

2025 年，"2＋（3＋6）＋（4＋5）"现代化产业体系不断夯实，工业增加值超过 1.3 万亿元，制造业支撑全市经济发展的功能地位显著增强。工业战略性新兴产业产值占规模以上工业总产值比重达 45%，三大先导产业总规模达 1.8 万亿元。

2024 年 3 月 15 日，上海市人民政府印发《上海市加快推进新型工业化的实施方案》，明确到 2027 年，基本形成"（2＋2）＋（3＋6）＋（4＋5）"现代化产业体系，四年累计新增工业投资 8000 亿元，三大先导产业规模年均增长 10% 以上，战略性新兴产业工业总产值占规模以上工业总产值比重达到 50%。该《实施方案》还明确了实施新质生产力培育具体行动。鼓励领军企业主导制定行业先进标准，开展"上海品牌"认证，支持不同所有制企业间开展股权、供应链、应用场景等合作。打造高增长企业集群，支持"独角兽"企业、单项冠军企业发展，实现专精特新中小企业和专精特新"小巨人"企业总量倍增。

为发掘和展现上海经济高质量发展的韧性力量和中坚力量，2023 年 3 月，第一财经研究院携手上海市中小企业发展服务中心开启了上海"3＋6"产业暨专精特新"小巨人"企业调研。这些"小巨人"企业专注于不同的细分领域，在各自的赛道上不断创新，展现出卓越、踏实的风采，是中国经济不可或缺的力量。

在本次调研中，第一财经研究院走访了十几家位于上海的专精特新"小巨人"企业，它们是派拉软件、扩博智能、硕恩网络、上海智能交通、瑞柯恩、吉尔生化、之江生物、上海天臣、纳琳威、乐研电气、舜华新能源……这些企业有着独特成长路径，也存在一些共同的特点。

首先，专注是这些专精特新"小巨人"企业的共通点。不同于业务范围较广的大企业，这些"小巨人"企业大多都只专注于某一个领域。比如我们调研的乐研电气就专注于电网绝缘气体密度监测，生产出了国内第一个密度继电器校验仪和全球第一个自校验自诊断的密度继电器，同时为了解决行业痛点，研发了远传密度继电器。正是这样的专注，让乐研电气在密度继电器领域创下多个"第一"。这些企业聚焦在某一种技术或某一个产品，在各自的领域不断深耕，成为该领域的佼佼者。

其次，面对市场激烈的竞争，专精特新"小巨人"企业往往另辟蹊径，扎根细分领域。瑞柯恩在医疗激光领域专门做钬激光和铥激光医疗。相对于工业激光来说，医疗激光领域市场容量很小，是一个非常细分的领域。瑞柯恩正是在这样的细分领域努力着，解决了钬激光治疗机软光纤传输效率低的问题，突破了铥激光治疗机高龄人群使用和切割体积等限制。硕恩网络也是一个例子，该公司将行为科学的研究方法引入数据分析，利用网络留痕数据研究消费者行为偏好，助力金融、电信等多个行业高质量发展。

再次，强化研发投入和持续科技创新是"小巨人"企业的共同选择。从我们的调研企业来看，上海专精特新"小巨人"企业都很注重研发。例如吉尔生化这家以多肽合成作为核心业务的"小巨人"企业，在研发方面很舍得投入资金，公司用于研发的仪器设备数量和种类堪比一些院校实验室。吉尔生化创始人徐红岩既是科学家，也是企业家，深知科技创新对于企业的重要性。他至今仍会跟科研人员交流探讨，推动企业不断开发新的产品。正是经过不懈的研发创新，公司产品从缩合剂开始，到现在有 7000 多种多肽原材料在市面上销售，且业务拓展至全球范围。再比如一家高端装备行业的企业——舜华新能源，它是专门从事氢系统技术研发的企业，业务领域覆盖加氢站、车载储氢、制氢、分布式能源以及核电和军工方面。以加氢站为例，一开始建设安亭加氢站（国内运行时间最长的加氢站）时，设备和技术都来自国外。但经过舜华新能源不断钻研，开发自主技术，逐步把一些核心的零部件、装备生产技术难题攻克，如今该公司包括加氢枪、质量流量计等在内的一系列产品都已实现国产化。

最后，这些专精特新"小巨人"企业填补着大型商业主体与客户个性化需求之间的沟壑。比如，上海天臣是从做茅台瓶盖上的防伪标志开始的。在公司成立后的 20 年间，茅台一直是它的客户，提供唯一、独特并不断更新的防伪溯源技术。近年来，该公司还将物理类防伪技术与信息化防伪技术有机结合，让造假者在三到四年中无法攻破，确保产品的真实可靠。再比如，扩博智能专注于让技术服务于人，研发的风机叶片全自动巡检特种飞行机器人能对风电叶片进行自动检测，在满足客户的特性化需求中不断开拓业务领域，在新能源、零售等行业同样也能看到它们的身影。

在 2023 年上海政府工作报告中，"3 + 6"新型产业体系再次被提及，报告指出，未来将深化提升三大先导产业"上海方案"，提高集成电路装备、材料和设计创新发展能力，促进生物医药创新产品应用推广，优化人工智能自主可控软硬件生态，加快六大重点产业创新突破，持续推进新能源汽车、民用航空、空间信息等产业补链、固链、强链，加快长兴岛海洋产业发展，大力发展数字经济、绿色低碳、元宇宙、智能终端四大新赛道，在未来健康、未来智能、未来能源、未来空间、未来材料五大领域加速布局。

总体来看，上海自 2021 年确立构建"3 + 6"新型产业体系以来，在助力相关产业发展、培育专精特新"小巨人"企业方面已经取得了不少成绩。上海的新兴产业体系已经粗具规模，并正在成为上海市经济发展的中坚力量。

第三节　上海"3＋6"产业中"小巨人"企业发展优劣势共性分析

为研究上海"3＋6"产业中"小巨人"企业拥有的优势，面临的竞争与困难，本文使用 SWOT 分析——即基于内外部竞争环境和竞争条件下的态势分析，针对与上海"3＋6"产业建设密切相关的主要优势、劣势、外部的机会和威胁等进行全面、系统的调查研究，从而描绘出"3＋6"产业发展过程中"小巨人"企业所处的情境。其中，S（Strengths）是优势、W（Weaknesses）是劣势、O（Opportunities）是机会、T（Threats）是威胁。

一、优势分析：产业发展基础好、地理位置优越

优势方面，上海独特的地理位置为其经济发展带来得天独厚的条件，是连接中国内陆和海外的重要枢纽。作为我国重要的经济引擎、创新改革的先行者，上海针对"3＋6"各产业出台了许多培育政策，如鼓励企业加大技术研发投入，提供资金支持、税收优惠和创新创业扶持等政策，这些不断完善并持续被贯彻执行的政策给上海市各个行业的发展奠定了良好的基础。每个行业还在原有优良的产业基础以

外，拥有上海作为国际金融中心特有的便利融资环境、本地高端人才优势等，这些都构成上海"3＋6"产业健康迅速发展的优势条件。

（一）地理位置优越

上海地处东南沿海，位于长江入海口，具有优越的海陆空交通运输条件，极大地促进了物流业的便利，有利于汽车产业、高端装备、生物医药等产业的蓬勃发展。

以汽车产业为例，该产业物流运输是车企降低运营成本的重要环节，上海是我国的航运中心以及最大的港口城市，便捷的交通条件和一流的贸易环境为汽车物流提供了较大优势。此外，随着旅游用车、汽车售后服务、二手车交易等市场的兴起，新的汽车物流服务需求不断增加，更加凸显了上海的地理位置优势。

上海的国际化程度高，国际影响力显著。作为中国的经济、金融和文化中心，上海汇聚了大量的国际资源和多元的文化氛围。众多国际知名时尚品牌和设计机构选择在上海设立总部或分支机构，将最新的时尚潮流和设计理念引入市场。同时，上海举办的时装周、时尚展览等国际性活动吸引了世界各地的关注，成为时尚界的焦点，不仅提升了上海时尚消费品产业的国际竞争力，也为上海企业提供了与国际品牌和机构交流合作的平台。在上海，每年都会举办中国国际进口博览会、世界人工智能大会、中国国际工业博览会、上海国际信息化博览会、上海全球投资促进大会等国际性品牌活动；搭建国际交流大平台，启动全球招商合作伙伴计划，开拓高能级总部型经济朋友圈，吸引全球优质企业、人才、技术、产品等高端要素汇聚上海，助力上海产业高质量、跨越式发展。

（二）产业发展基础好

上海是最早的一批对外开放的城市，也是长三角地区的发展领头羊，长三角地区整体发展动力强，协同创新能力足，产业配套齐全，以产业集群的方式有效推动各个细分领域的发展，而上海各个领域起步早、对外开放程度高，已经建立了良好的产业发展基础。

以生物医药产业为例，上海汇聚着来自全球各地的顶尖医药生物企业与国际化人才，据不完全统计，全球药企前20强的18家和医疗器械前20强的17家都已落户上海，纷纷设立中国区总部或研发中心。同时，长三角地区的生物医药产业优势也十分突出，上海、江苏、浙江、安徽在生物医药领域纷纷出台相应政策，区域内整体产业规模突出，企业竞争能力强，已经形成了以上海为核心，江苏、浙江为两翼的生物医药创新先导区。

除此以外，人工智能、电子信息、集成电路等领域也正以同样的方式迅速发展。早在2021年，中国95家上市集成电路公司中，长三角就占据了39家，市值总计接近1.5万亿元，占比达到41.1%。目前，长三角地区已集聚了全国50%的设计企业、55%的制造企业和80%的封装测试企业。产业的成长与发展离不开长期的积累，上海作为集成电路行业起步较早的城市之一，成功培育了一批行业领头企业以及在细分领域中的专精特新企业。例如中芯国际、华虹等是在芯片制造领域的龙头企业，紫光展锐在手机基带芯片设计领域占据世界第三的市场份额，上海微电子装备公司在设备装备和材料领域承担着国产光刻机设备的发展任务。这些企业的发展不仅推动了上海集成电路产业的迅速增长，也为中国整体集成电路产业的发展作出重要贡献。

二、劣势分析：企业商务成本较高、人才层次不够均衡

劣势方面，上海作为中国经济发展的最前沿，城市生活成本较高，企业面临的商务成本也相对较高。这也是我们在调研中感受到上海在发展"3＋6"产业过程中面临的现实困难。此外，虽然上海为吸引更多人才的汇入，不断优化人才落户政策，提高城市的开放度，但现实存在的户籍政策仍然限制了多层次人才的集聚。

（一）上海发展企业的商务成本和居住成本都较高

在全国范围内，上海属于地价较高的城市，可谓"寸土寸金"。不管是工厂土地还是公司大楼的租赁成本，相对于国内其他地区来说都较高。此外，上海的劳动力成本较高，据统计数据显示，2023年上海市城镇单位就业人员平均工资相比全国城镇单位就业人员平均工资高出约2248元／月。由此看出，上海企业的生产成本相对较高，制约了企业在价格竞争方面的灵活性和竞争力。在本次调研中，纳琳威等上海小巨人企业就纷纷将厂房设在江苏等周边地区，这种情况下，上海可能会面临自身产业更好融合机会的流失。

与此同时，上海对环保要求较高，诸如制药行业的企业在采取节能减排举措的同时面临着更高的营业成本，部分企业可能选择搬迁离开上海以降低营业成本。对于汽车行业而言，自2019年7月1日起，上海已经开始实施轻型汽车国六排放标准，国六的一氧化碳和氮氧化物限值相比国五，分别加严50%和42%。2022年8月1日发布的《上海市环境保护条例》中也提及要逐步淘汰高污染机动车，鼓励购买和使用清洁能源机动车。随着双碳目标的提出和环保意识的提升，

政府对汽车产业的环保要求愈加严格，车企在控排的同时还要增大对新能源汽车研发、生产、销售的投入，这无疑对上海的汽车制造企业造成了一定压力。

（二）户籍政策仍未完全开放，成为高技能人才融入上海的障碍

为了吸引更多人才，上海的人才政策和户籍政策近年来在逐步放宽限制，但放宽政策的受益对象主要集中在应届毕业生以及在远郊重点区域工作的人员（即临港新片区、"五个新城"、南北地区重点转型区域以及市委、市政府确定的重点发展区域），而没有涵盖所有向上海汇聚的高技能产业工作者，这导致部分相关人才流向了周边地区以及珠三角等地区。对于那些在上海落户困难的高级技术型、应用型人才而言，其他地区的吸引力无疑更强。

"3＋6"产业领域大多面临人才短缺问题，但不同行业的需求有所不同。对于集成电路产业而言，知识和技能的储备量是人才关键的考量因素。对电子信息产业而言，除了高端技术人才和复合型人才缺乏以外，还存在一线熟练技术工人不足、人才流动性大以及地区分布不均衡等情况。上海虽然电子信息产业基地聚集，相关领域高等院校较多因而吸引了大量电子信息相关人才，但电子信息技术高科技人才培养机制存在院校生产与市场需求不匹配或错配等问题，这导致上海电子产业高水平的技术工人和从理论向生产转化的高技术员工严重匮乏，人才层次不够均衡。

三、机遇分析：新一轮科技革命、绿色低碳发展转型机遇

全球正处于百年未有的大变局之中，新一轮科技革命和产业变革

正在迅猛发展，这给上海走向高质量发展、建设新兴产业带来了巨大发展机遇。此外，绿色低碳发展对传统制造业提出了新的要求，也给新能源汽车、高端制造业及先进材料等产业带来更大的需求。

（一）新一轮科技革命和产业变革正在逐渐深入，由此带来新型产业的巨大发展机遇

"十四五"规划提出，坚持创新在我国现代化建设全局中的核心地位，把科技自立自强作为国家发展的战略支撑，未来国家将瞄准生命健康等前沿领域，由此为"3 + 6"新兴产业体系的建设带来重要发展机遇。党的二十大报告指出，"推动战略性新兴产业融合集群发展，构建新一代信息技术、人工智能、生物技术、新能源、新材料、高端装备、绿色环保等一批新的增长引擎"。

新行业新领域给电子信息产业、医疗健康领域、汽车产业等带来更多新的机遇。新能源技术、自动驾驶、5G 技术等新兴技术不断发展，这些技术的背后大多有电子信息技术的支撑，随着新技术的应用，电子信息产业的深度和广度也在不断延伸。目前，我国正大力建设智慧城市、智慧交通，在此过程中，基础设施与电子信息技术融合在一起，推动传统企业数字化改造，以上海智能交通为代表的一批耕耘于上海智慧城市的企业将有更多机会走向全国，将上海的先进经验复制推广至全国。这些新兴产业的快速发展也促使集成电路行业加速进步，以适应更多元化的应用场景和更庞大的算力需求。以物联网为例，其产业近年来迅猛发展，成为芯片需求增长的一大推动力。在物联网产业中，感知、传输、平台、应用等层级都需要各类芯片的支持，其中物联网终端层、边缘计算层和应用层对芯片的需求更加多元

化，数量也相对较大，相关芯片的需求也在不断增长。这些新兴产业的快速发展为集成电路行业带来了新的机遇和挑战，推动了行业的技术进步和创新。

对时尚消费品产业而言，科技革命带来更为深入和彻底的产业变革，在时尚设计方面，借助人工智能和大数据分析，设计师能够更准确地洞察消费者的需求和趋势，提供更具创意和个性化的设计方案。同时，虚拟现实技术的应用使消费者能够身临其境地体验时尚产品，加强了消费者与品牌之间的互动和连接。在生产环节，上海积极探索智能制造和自动化生产技术，提高生产效率和产品质量。通过智能化的生产设备和流程优化，时尚消费品企业能够更快速地响应市场需求，实现定制化生产，提供更加个性化和多样化的产品。在销售和营销方面，利用大数据分析和互联网技术，建立全新销售渠道和营销模式。电子商务平台和社交媒体的兴起为时尚消费品企业提供了更广阔的市场覆盖和直接消费者接触的机会。通过精准的市场定位和个性化的营销策略，企业能够更好地满足消费者的需求，提升品牌影响力和市场份额。

（二）绿色低碳发展转型

推动可持续发展和绿色制造是上海发展"3＋6"新兴产业体系的另一个机遇。可持续发展逐渐成为投资者和消费者的关注焦点，为上海高端装备产业、先进材料、汽车产业等带来了机遇。消费者对绿色、环保和可持续产品的需求不断增加，投资者对具有可持续发展战略的企业更加青睐。上海高端装备产业可以通过加强环境管理、推进绿色供应链、开发可再生能源等举措，满足市场需求，赢得消费者和投资者的信任和支持。绿色制造是高端装备产业转型升级的重要方向之一。通过减少资源消耗、节能减排、废物回收利用和环境友好设计等措施，可以降低生产过程的环境影响，提高资源利用效率。绿色制造不仅符合环保要求，还可以降低生产成本，提高企业的竞争力和可持续发展能力。

实现碳达峰和碳中和要求先进材料产业在产品制造、能源利用和生产过程中减少碳排放，提高资源利用效率。这将促使企业加大研发投入，推动创新技术的应用，开发更加环保节能的材料产品。同时，优化上海先进材料产业链和供应链，推动循环经济的发展，还可以减少对自然资源的依赖。

四、挑战分析：国际环境中的技术挑战、产业链约束

可以看到，上海在发展的过程中也并非一帆风顺，挑战时刻不在。目前，困扰"3＋6"产业发展的问题主要集中在：高精尖技术在发展过程中存在一些困难，产业链自主率仍有待提高等。

（一）外部竞争加大

面对新一轮产业革命，各国纷纷出台相应支持政策，助推相关产业发展。虽然亚太地区的生命健康产业市场规模庞大，需求增长迅速，但传统生命健康产业强区仍集中在美国、欧洲等地，美国仍然是全球最大的生命健康产业市场，作为现代生物技术的发源地，美国拥有多家世界生物技术巨头，如辉瑞、强生、默克等，其对技术人才的吸引力仍然巨大，对高端技术的控制也时刻影响全球生命健康产业的

发展。汽车市场中，越来越多的生产企业、汽车"新势力"涌入市场，消费者也越发关注车辆价格，对于价格的敏感度变高。国内外各大汽车厂商纷纷加大促销和折扣力度，导致市场价格竞争越发激烈。外部竞争压力的加剧，也让上海汽车产业在拓展国际市场、提高产品品质和技术水平等方面面临更大的挑战。为应对这种挑战，上海汽车产业需要采取更加积极的措施，如加强与国外汽车厂商的合作，推动产业转型升级，拓展海外市场等，才能够在激烈的市场竞争中立于不败之地。

除了来自国外产业政策的竞争，上海产业的发展也要面临全国其他城市的竞争。例如被视为我国重要的产业发展方向的人工智能产业，各地纷纷出台相关政策予以支持，全国范围内有 10 个城市提出了具体的人工智能产业发展政策。这些城市各具特色，比如人才和企业聚集地的北京，在科技创新、平台服务以及创新创业方面处于全国领先水平；还有大数据和资源丰富的江苏、浙江等省份，人工智能与传统行业的融合创新十分活跃；广东则以其较高的人工智能创新能力、完善的产业链，以及快速实现技术产业化的能力而著称。

上海时尚消费品产业中，随着消费者对时尚消费品的需求日益多样化和个性化，市场竞争也变得异常激烈。各类品牌纷纷涌入市场，不仅国内外知名品牌争相抢占份额，还有一大批新兴品牌崭露头角。这种激烈的竞争对上海时尚消费品产业提出了更高的要求。

（二）产业链约束

目前我国在不少领域仍存在一些技术和生产上的挑战，产业链的发展存在约束。在上海，集成电路产业虽然已经取得长足进步，但与国际先进水平相比，在一些关键领域仍存在一定差距。比如，在大尺寸硅片、光刻胶、掩膜板等制造技术方面，仍有较大的提升空间。同时，许多种类的材料仍未能满足国内企业的生产需求，仍需要依赖进口。以光刻机为例，尽管上海微电子装备在国内光刻机设备领域具有重要地位，但目前仍只能满足 IC 前道制造 90 纳米、110 纳米、280 纳米关键层和非关键层的光刻工艺需求。与国际顶尖企业如阿斯麦（ASML）、尼康、佳能等主流企业在 90 纳米以下的技术水平相比，仍存在一定差距。在设计软件等工具方面，还需要提高自主率。芯片设计过程中需要使用 EDA（电子设计自动化）仿真软件等工具，然而目前世界顶尖的三家 EDA 设计软件公司新思科技（Synopsys）、楷登电子（Cadence）和明导（Mentor）均为美国公司。虽然我国的企业如华大九天、芯远景、芯禾科技、广利微电子等也能提供部分环节的 EDA 软件，但在技术成熟度和完整性上仍与国际顶尖企业存在一定差距。尤其在高端芯片设计领域，中国企业尚未拥有能够与国际竞争的本土化软件。知识密集型产业——生物医药中也存在类似的情况，一种新药从研发到投入市场通常需要经历漫长的周期，也需要大量人力物力的投入。因此，生物医药产业对融资研发以及风险管理都提出了更高的要求。上海生物医药企业以中小企业为主，企业规模相对较小，通常不具备承担研发等高风险任务的能力。

上海市先进材料产业发展的一大挑战是高端材料供应安全问题突出。例如在信息技术领域，高性能芯片材料、光电材料、纳米材料等对于人工智能、大数据、物联网等新一代信息技术的发展至关重要；在能源动力领域，高性能电池材料、高温超导材料等对于新能源汽车、清洁能源等领域的发展不可或缺；在高端装备和运载工具领域，高温合金材料、先进复合材料等对于航空航天、船舶制造、高铁等重大工程的建设举足轻重。然而，目前国内在这些领域的材料研发和生产能力相对薄弱，很大程度上依赖于进口。纳琳威纳米科技（上海）有限公司在我们的调研中就表示，目前新材料产业"最大的短板还是在核心的前端材料"，一些核心材料依然来源于国外。这些前端材料制造成本虽然占比很小，但却能够掌控全局，是关键的核心环节。关键材料的进口导致了对于关键技术和产业的依赖度较高，限制了我国在新材料领域的自主创新和核心技术的掌握，对产业发展构成了一定的制约。

第二章
集成电路产业

　　集成电路是信息时代发展的基石，也是新一轮产业升级的核心驱动力，一直以来，都是支撑经济社会发展、保障国家安全的战略性、基础性和先导性产业。

　　我国集成电路产业起步较晚，但如今已发展出全球规模最大、增速最快的集成电路市场，从国家到地方政府都出台了诸多支持性政策，这些政策形成合力，为集成电路产业的发展提供了全方位的支撑。上海是全国集成电路产业的先行者，以张江国家集成电路产业基地为中心的"一体两翼"空间布局中诞生了诸多专精特新"小巨人"企业，这些企业的发展不仅推动了上海集成电路产业的迅速增长，也为中国整体集成电路产业的发展作出了重要贡献。

第一节　我国集成电路产业的先行者——上海

　　集成电路是一种微型电子器件，其制造过程采用特定的工艺，将晶体管、电容、电阻、电感等元件以及布线互连，嵌入若干块半导体晶片或介质基片中，并最终封装在一个管壳内。这样的设计赋予集成电路以特定的电路功能。

从产业链的角度来看，集成电路产业的上游包括半导体材料及设备，如硅片、光刻胶、靶材和检测设备等；中游涵盖集成电路的设计、芯片制造和封装测试等环节；而下游则是集成电路的产品应用领域，包括通信、消费电子、计算机和汽车电子等各个方面。这些不同环节相互配合，共同构成了集成电路产业链的完整生态系统。

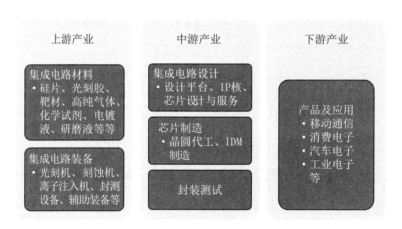

图 2-1　集成电路产业分布

资料来源：根据公开资料整理。

受前期消费电子产品需求下降的影响，据世界半导体贸易统计组织（WSTS）发布的数据显示，2023 年第二季度全球半导体市场销售总额为 1245 亿美元，环比增长 4.2%，但与去年同期相比下降了 17.3%。在 WSTS 发布的《2024 年半导体行业展望》中，它们预计 2023 年全球半导体市场规模将出现 10.3% 的下滑，但随后将迎来强劲复苏，预计 2024 年将实现 11.8% 的增长。2024 年 6 月，WSTS 上调这一预测增长至 16%，全球半导体市场规模预计将达到 6110 亿美元，这一增长预计将主要由两个集成电路类别——逻辑器件增长 10.7%、存储器增长 76.8% 推动。包括分立器件、光电子器件、传感器和模拟半导体在内的其他类别的市场规模将出现个位数下降。WSTS 预计，到 2025 年，全球半导体市场销售额将增长 12% 至 6874 亿美元，其中存储和逻辑领域的增幅分别为 25% 和 10%，其他细分市场将实现个位数的增长。

一、国家与地方政府共同支持集成电路产业发展

我国长期以来一直致力于支持集成电路行业的快速发展，频繁出台相关政策。这些政策不仅明确了行业的发展目标，而且还制定了行业支持性的具体细则。例如，对相关企业实施税收减免等政策，以实际行动支持企业的发展。这一系列举措有力地支撑了国家信息化建设，促进了国民经济和社会的持续健康发展。随着这些政策的实施，我国的集成电路产业蓬勃发展，不仅提升了国家在全球半导体市场的地位，而且推动了相关产业链的协同发展，为经济的可持续增长提供了强大动力。

表 2-1　我国出台的部分集成电路相关政策

时　间	相关部门	政　策	政　策　要　点
2000 年 6 月	国务院	《国务院关于印发鼓励软件产业和集成电路产业发展若干政策的通知》	力争到 2010 年使我国软件产业研究开发和生产能力达到或接近国际先进水平，并使我国集成电路产业成为世界主要开发和生产基地之一
2011 年 1 月	国务院	《进一步鼓励软件产业和集成电路产业发展的若干政策》	从财税、投融资、研究开发、进出口、人才、知识产权、市场等方面支持集成电路的发展。进一步优化我国软件产业和集成电路所得税减免政策，并从税收政策上支持集成电路行业的发展
2014 年 6 月	国务院	《国家集成电路产业发展推进纲要》	到 2020 年，集成电路产业与国际先进水平的差距逐步缩小，全行业销售收入年均增速超过 20%，16/14 nm 制造工艺实现规模量产，封装测试技术达到国际领先水平，关键装备和材料进入国际采购体系，基本建成技术先进、安全可靠的集成电路产业体系
2015 年 3 月	财政部、国家税务总局、国家发改委、工信部	《关于进一步鼓励集成电路产业发展企业所得税政策的通知》	集成电路封装、测试企业以及集成电路关键专用材料生产企业、集成电路专用设备生产企业，根据不同条件可以享受有关政策
2015 年 5 月	国务院	《中国制造 2025》	将集成电路作为"新一代信息技术产业"纳入大力推动突破发展的重点领域，2020 年中国芯片自给率要达到 40%，2025 年要达到 70%
2015 年 6 月	科技部	《科技部重点支持集成电路重点专项》	"核心电子器件、高端通用芯片及基础软件产品"和"极大规模集成电路制造装备及成套工艺"列为国家重点科技专项
2016 年 5 月	国家发改委、财政部、工信部	《关于软件和集成电路产业企业所得税优惠政策有关问题的通知》	明确了在集成电路企业的税收优惠资格认定等非行政许可审批取消后，集成电路设计企业可以享受《关于进一步鼓励软件产业和集成电路产业发展企业所得税政策的通知》有关企业所得税减免政策需要的条件，再次从税收政策上支持集成电路设计行业的发展

（续表）

时　间	相关部门	政　策	政　策　要　点
2016 年 5 月	国务院	《国家创新驱动发展战略纲要》	加大集成电路等自主软硬件产品和网络安全技术攻关和推广力度；攻克集成电路装备等方面的关键核心技术
2016 年 7 月	国务院	《"十三五"国家科技创新规划》	支持面向集成电路等优势产业领域建设若干科技创新平台；推动我国信息光电子器件技术和集成电路设计达到国际先进水平
2016 年 8 月	国家质检总局、国家标准委、工信部	《装备制造业标准化和质量提升规划》	加快完善集成电路标准体系，推进高密度封装、三维微组装、处理器、高端存储器等领域集成电路重大创新技术标准制修订，开展集成电路设计平台、IP 核等方面的标准研究。完善新型显示、传感器件、片式元器件等标准体系
2016 年 11 月	国务院	《"十三五"国家战略性新兴产业发展规划》	启动集成电路重大生产力布局规划工程，实施一批带动作用强的项目，推动产业能力实现快速跃升
2016 年 12 月	国务院	《"十三五"国家信息化规划》	大力推进集成电路创新突破。加大面向新型计算、5G、智能制造、工业互联网、物联网的芯片设计研发部署，推动 32/28 nm、16/14 nm 工艺生产线建设，加快 10/7 nm 工艺技术研发，大力发展芯片级封装、圆片级封装、硅通孔和三维封装等研发和产业化进程，发展电子设计自动化（EDA）软件
2016 年 12 月	国家发改委、工信部	《信息产业发展指南》	着力提升集成电路设计水平；建成技术先进、安全可靠的集成电路产业体系；重点发展 12 英寸集成电路成套生产线设备
2017 年 4 月	科技部	《国家高新技术产业开发区"十三五"发展规划》	优化产业结构，推进集成电路及专用装备关键核心技术突破和应用

（续表）

时　间	相关部门	政　策	政　策　要　点
2018 年 1 月	国务院	《关于深化"互联网＋先进制造发展工业互联网的指导意见》	推动固定资产加速折旧、企业研发费用加计扣除、软件和集成电路产业企业所得税优惠等政策
2018 年 3 月	财政部、国家税务总局、国家发改委、工信部	《关于集成电路生产企业有关企业所得税政策问题的通知》	集成电路相关企业根据对应政策要求可享受：1. 两免三减半；2. 五免五减半等税收优惠
2018 年 6 月	工信部	《智能传感器产业三年行动指南（2017—2019 年）》	智能传感器模拟与数字 / 数字与模拟转换（AD/DA）、专用集成电路（ASIC）、软件算法等的软硬件集成能力大幅攀升；智能传感器专利申请量稳步提升，在新型敏感材料、低功耗设计、反馈控制和安全机制等重点领域形成初步布局；金属、陶瓷、光纤等非半导体类传感器智能化水平快速提升
2018 年 7 月	国务院	《关于优化科研管理提升科研绩效若干措施的通知》	对试验设备依赖程度低和实验材料耗费少的基础研究、软件开发、集成电路设计等智力密集型项目，提高间接经费比例，500 万元以下的部分为不超过 30%，500 万元至 1000 万元的部分为不超过 25%，1000 万元以上的部分为不超过 20%
2019 年 5 月	财政部、国家税务总局	《关于集成电路设计和软件产业企业所得税政策的公告》	依法成立且符合条件的集成电路设计企业和软件企业，在 2018 年 12 月 31 日前自获利年度起计算优惠期，第一年至第二年免征企业所得税，第三年至第五年按照 25% 的法定税率减半征收企业所得税，并享受至期满为止
2020 年 7 月 27 日	国务院	《关于新时期促进集成电路产业和软件产业高质量发展若干政策的通知》	加大资金支持力度，支持信息消费前沿技术研发，拓展各类新型产品和融合应用。各地工业和信息化、发展改革主管部门要进一步落实鼓励软件和集成电路产业发展的若干政策，加大现有支持中小微企业税收政策落实力度

　　资料来源：根据公开资料整理。

　　总的来看，在《国家集成电路产业发展推进纲要》《中国制造2025》等国家级纲领性文件的推出后，各地方政府纷纷出台了相关支持政策，以促进当地相关产业的发展。例如，成都市在《成都市加快集成电路产业高质量发展的若干政策》中，明确表示将对符合条件的集成电路企业给予综合支持，最高金额不超过5亿元；而深圳市则印发了《深圳市2023年重大项目计划》，其中包括近20个集成电路产业项目，涉及存储、封测、半导体设备等多个领域。

　　国家和地方政府的支持性政策形成了合力，为集成电路产业的发展提供了全方位的支持。这些政策涵盖了投融资、研发创新、产能扩张、人才引进等方面，为企业提供了良好的发展环境和稳定的政策支持。通过政策的引导和支持，集成电路产业得以稳步发展，进一步提升了国家在全球半导体市场的地位，促进了相关产业链的协同发展，推动了经济的持续增长。

　　我国集成电路产业起步较晚，但已经成为全球规模最大、增速最快的集成电路市场，过去我国庞大的需求大多通过进口满足，随着国内集成电路生产、设计等企业的崛起，国内企业竞争力不断增强，持续填补着国产集成电路领域的空白。

　　据国家统计局发布报告，国内集成电路行业总产量从2011年的719.52亿块上升到2021年的3594.3亿块，年均复合增长率约为17.45%，此后2022年集成电路产量短暂下滑至3241.9亿块，伴随着全球经济的整体复苏，中国集成电路产量正逐步回暖。据工信部数据显示，2023年我国集成电路产量3514亿块，同比增长6.9%。

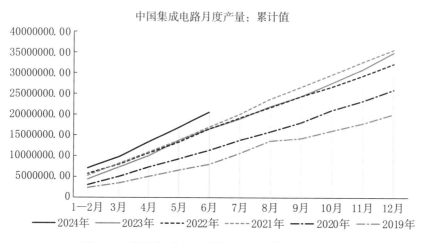

图 2-2　我国集成电路产量变化（单位：万块）

数据来源：国家统计局，Wind。

二、上海提出新一轮集成电路发展方案

上海市集成电路产业的发展历程可追溯至 60 多年前。1958 年，上海半导体厂开始筹建，并于 1959 年初正式成立，成为国内最早从事半导体器件研制和生产的专业工厂之一。自此以后，上海的整体集成电路工业逐步成形。从 2000 年开始，中芯国际集成电路制造（上海）有限公司、上海新进半导体制造有限公司、展讯通信有限公司、上海宏力半导体制造有限公司、锐迪科微电子有限公司等集成电路生产厂家相继成立，这些企业逐步成长为上海乃至全国的集成电路生产与创新主力军。2015 年，上海市集成电路产业发展领导小组成立，密切关注行业的发展趋势和需求。

如今，上海已经成为国内集成电路产业链最完善、产业集中度最高、综合技术能力最强的地区之一。2022 年 9 月，上海在集成电路领域的产业规模达到 2500 亿元，约占全国 25%，吸引了全国 40%

的集成电路人才。2022年上海集成电路圆片销售增长了5.5%，集成电路产业销售额已超过3000亿元，在全国市场占比超过25%。其中，张江科学城的集成电路产业销售收入达到2011亿元，同比增长18.1%，约占全市总量的三分之二。这些数据彰显了上海集成电路产业的强劲发展势头和领先地位。

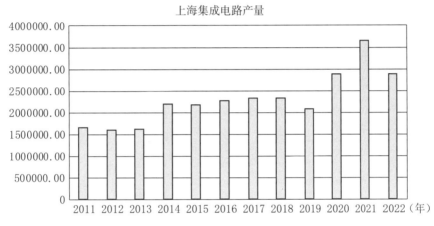

图 2-3 上海市集成电路产量变化图（单位：万块）

数据来源：Wind。

为了进一步促进产业的健康稳健发展，上海政府频繁地出台相关支持政策，以激励和引导企业加大投入、提升技术水平、拓展市场。这些支持政策包括但不限于资金支持、税收优惠、土地配套、人才引进等多个方面。通过这些政策的实施，上海致力于打造一个良好的发展环境，吸引更多的企业来上海投资兴业，进一步提升集成电路产业在全国的地位。同时，上海也加强与国内外企业、研究机构的合作与交流，推动技术创新和产业升级，以适应行业快速发展的需求。

表 2-2　上海市出台的部分集成电路相关政策

时　间	政策名称	内　容
2023 年 5 月 18 日	《上海市推动制造业高质量发展三年行动计划（2023—2025 年）》	加快集成电路关键环节研发攻关，推动下一代技术创新融合发展。加快建设制造业创新中心、技术创新中心、产业创新中心，提升集成电路、智能传感器国家制造业创新中心发展能级，在基础部件、先进材料、高端装备等领域创建一批国家级和市级平台，市级以上制造业创新中心达到 20 家
2022 年 9 月 29 日	《上海市推进高端制造业发展的若干措施》	加大"三首"支持力度。发挥创新产品推荐目录作用，优化首台套、首批次、首版次政策，按照规定给予不超过创新产品合同金额 30%、最高不超过 2000 万元支持。支持临港新片区建设集成电路产品和电子设备零部件国际交易中心（储备中心）。开展海关集成电路产业发展监管创新试点
2021 年 12 月 24 日	《上海市电子信息制造业发展"十四五"规划》	到 2025 年，上海集成电路产业规模倍增，形成国际一流、技术先进、产业链完整、配套完备的集成电路产业体系，基本建成具有全球影响力的集成电路产业创新高地
2021 年 12 月 21 日	《新时期促进上海市集成电路产业和软件产业高质量发展的若干政策》	上海市国有投资平合企业、相关园区开发平台联合增加对上海集成电路产业投资基金、集成电路装备材料基金募资支持
2021 年 6 月 23 日	《上海市战略性新兴产业和先导产业发展"十四五"规划》	"十四五"期间，集成电路产业规模年均增速达到 20% 左右，力争在制造领域有两家企业营收稳定、进入世界前列，在设计、装备材料领域培育一批上市企业
2020 年 5 月 11 日	《上海市推进新型基础设施建设行动方案（2020—2022 年）》	围绕集成电路等领域，提升和优化研发与转化功能型平台布局。搭建科学装置、工程化平台、中间试验线、检测评价服务平台、数据标准库等设施。通过关键共性技术和产业化应用研究，构建新兴产业技术创新发展的支撑体系

（续表）

时　间	政策名称	内　容
2019 年 8 月 30 日	《关于促进中国（上海）自由贸易试验区临港新片区高质量发展实施特殊支持政策的若干意见》	对新片区内符合条件从事集成电路等关键领域核心环节生产研发的企业，自设立之日起 5 年内减按 15% 税率征收企业所得税。对符合条件的集成电路生产、设计和软件企业，按照国家规定，予以享受"两免三减半""五免五减半"等企业所得税优惠政策
2018 年 6 月 19 日	《促进上海创意与设计产业发展的实施办法》	近期聚焦移动智能终端和网格通信领域，设计开发移动智能终端芯片、数字电视芯片、网络通信芯片、智能穿戴设备芯片及操作系统，提升信息技术产业竞争力
2017 年 4 月 27 日	《关于本市进一步鼓励软件产业和集成电路产业发展的若干政策》	对经核定的年度营业收入首次突破 200 亿元、100 亿元、50 亿元、10 亿元的软件和集成电路企业，由市、区两级政府给予企业核心团队分级奖励

资料来源：根据公开资料整理。

2021 年，《上海市先进制造业发展"十四五"规划》提出了明确的目标和具体要求，着重以自主创新和规模发展为核心，旨在提升整个芯片设计、制造封测以及装备材料全产业链的能级。

2024 年 3 月发布的《上海市加快推进新型工业化的实施方案》明确，集成电路新一轮"上海方案"是以产线牵引集成电路全产业链发展，统筹推进关键环节和新兴领域发展。通过这些具体要求和举措，上海旨在加速推动集成电路产业的高质量发展，提升整个产业链的技术水平和竞争力，为上海乃至整个中国的集成电路产业发展注入新的动力。

同时，上海明确了集成电路产业发展现状图与规划图：打造以张江为主体，以临港和嘉定为两翼的"一体两翼"空间布局，提升张江国家集成电路产业基地能级，增强临港集成电路高端装备制造能力，培育嘉定集成电路新兴产业带。加快研究谋划在临港新片区或长三角示范区新建集成电路综合性产业基地。

除了市级层面出台的相关促进政策以外，基层政府也纷纷出台集成电路产业相关规划，例如2021年3月3日，上海临港新片区发布《中国（上海）自由贸易试验区临港新片区集成电路产业专项规划（2021—2025）》。该规划提出，到2025年，推进重大项目落地建设，基本形成新片区集成电路综合性产业创新基地的基础框架；到2035年，构建起高水平产业生态，成为具有全球影响力的"东方芯港"。

第二节　上海领头企业聚集且市场需求旺盛

上海集成电路产业具有其独有的发展优势，聚集了一大批行业领头企业，也汇集了许多的优秀人才。同时，我国集成电路产业的市场需求持续旺盛，新兴产业快速发展更是带来了巨大的发展潜力；但行业发展的技术基础仍然薄弱，存在一些结构性的缺陷，未来需关注提高产业自主率、持续培育行业相关人才。

一、优势：领头企业和人才集聚优势

一批行业领头企业扎根上海，深耕细分领域。集成电路产业需要长期积累，上海作为早期发展的城市之一，成功培育了一批行业领头企业以及在细分领域中的专精特新企业。例如中芯国际、华虹等在芯片制造领域的龙头企业，紫光展锐在手机基带芯片设计领域占据世界第三的市场份额，上海微电子装备公司在设备装备和材料领域承担着国产光刻机设备的发展任务。这些企业的发展不仅推动了上海集成电路产业的迅速增长，也为中国整体集成电路产业的发展作出了重要贡献。

上海聚集并培养了大批集成电路人才。上海拥有完整的集成电路人才培养和培训机制。一方面，上海拥有高水平的高等教育机构，如复旦大学、上海交通大学、同济大学等，为集成电路人才的培养提供了良好的基础。另一方面，上海的行业协会和培训机构完善，上海集成电路研发中心、上海硅知识产权交易中心、上海集成电路行业协会等公共服务机构承担着人才培训的重要任务，推动产学融合，为集成电路产业发展提供了持续的支持。这些公共服务机构还与国内外知名院校或企业合作，建立人才培训机构，例如上海集成电路研发中心与国际光刻机巨头阿斯麦在上海合作共建了国内第一个世界级光刻人才培训基地。在上海的集成电路生态系统中，人才培养和引进不断加强，为产业的可持续发展提供了强大动力。

二、劣势：发展基础薄弱、园区竞争激烈

中国集成电路行业技术发展基础仍然薄弱。尽管近年来中国集成电路产业发展迅速，但仍然存在一些结构性的缺陷，如高端半导体装备、EDA 工具、14 纳米以下制造及其硅知识产权（SIP）等领域技术严重受制于人，与国际领先水平相比存在 1—2 代的差距。上海作为集成电路产业的代表，虽然技术水平较高，但与国际最先进技术的联

系紧密，受国外的集成电路产业发展影响较大。

市内各个园区存在同质化发展的问题，有着激烈的竞争关系。上海聚集了多个集成电路产业园区，如张江园区、漕河泾开发区、松江开发区、紫竹开发区等，它们是产业发展的主要载体。然而，这些园区之间常常存在着"互相竞争"的现象，产业规模和企业数量增长不明显，激励政策大同小异，产业布局都希望争夺高端。一体两翼的互补效应尚未显现。类似的情况也存在于长三角地区其他省市的产业中，各省市为了吸引企业而采取更多的政策和措施，但受到行政壁垒的影响，人才、技术、资本等要素流动不畅，缺乏统一规划和系统设计。

三、机遇：市场需求旺盛、新兴产业快速发展

国内集成电路市场需求持续旺盛，尤其是自 2018 年以来，美国商务部将多家中国知名科技企业及实体列入"实体清单"，对中兴、华为等企业进行贸易制裁后，中国更加重视集成电路产业发展。政府出台了一系列政策促进国产集成电路的发展，推动国产集成电路进入高速发展阶段，部分国产产品的应用率不断提升。近年来，地缘政治因素以及集成电路作为大国竞争战略物资储备的地位愈加明显，政府对集成电路产业的干预力度也逐步加强。在这种背景下，随着国家政策的支持、国内企业的研发和产业投入增加等，各种材料领域都已取得突破，如硅片、光刻胶、靶材等。

除了国家政策和外部贸易环境的影响，自动驾驶、人脸识别、通信技术和云计算等新兴产业的快速发展也促使集成电路相关技术加速

进步，以适应更多元化的应用场景和更庞大的算力需求。以物联网为例，该产业近年来迅猛发展，成为芯片需求增长的一大推动力。在物联网产业中，感知、传输、平台、应用等层级都需要各类芯片的支持，其中物联网终端层、边缘计算层和应用层对芯片的需求更加多元化，数量也相对较大，相关芯片的需求也在不断增长。这些新兴产业的快速发展为集成电路行业带来了新的机遇和挑战，推动了行业的技术进步和创新。

四、挑战：自主率有待提高、行业人才存在缺口

在设计软件等工具方面，上海集成电路的健康发展还需要提高自主率。芯片设计过程中需要使用 EDA 仿真软件等工具，然而目前世界顶尖的三家 EDA 设计软件公司——新思科技、楷登电子和明导均为美国公司。虽然我国的企业如华大九天、芯远景、芯禾科技、广利微电子等也能提供部分环节的 EDA 软件，但在技术成熟度和完整性上仍与国际顶尖企业存在一定差距。尤其在高端芯片设计领域，中国企业尚未拥有能够与国际竞争的本土化软件。

此外，行业人才的培养仍然存在一定缺口。集成电路行业人才的培养是一个长期的过程，需要时间的积累和持续的锤炼。虽然近年来我国对相关人才的培养投入不断增加，各个高校也纷纷开设相关专业，但要培养出符合行业需求的高素质人才仍需要更多时间和努力。

第三节　明确产业定位　提升产业链控制力

为促进集成电路产业在上海的蓬勃发展，明确产业定位，提高薄弱的基础技术水平，有助于提高产业自主率。

一、明确自身定位，加强规划引导

基于自身的相对优势，上海应当加强对标国际领先技术的努力，特别是在新原理、新结构、新器件、新电路和新工艺等方面进行研发和部署。这样的举措有助于形成颠覆性、突破性和标志性的成果，从而增强上海在集成电路领域的技术策源能力。

当前，集成电路产业的投资主体分散，存在一定程度的投资泡沫和同质化竞争现象。为此，有必要加强对产业容量和产业安全的分析，并进行预警研究。在资本投入和产能扩充之前，应进行详尽真实的调研，由专业人士给予宏观指导和规划研究，特别是对于重点项目和重点产品。同时，鼓励上海的集成电路产业企业充分利用长三角地区的地理优势，与邻近省份建立差异化竞争与合作关系。这种合作关系有助于促进集群内部和产业链上下游的知识共享和产业分工协作。

二、以成熟制程为基础，利用国内市场的规模效应，提升产业链控制力

受到国际形势的影响，中国大陆集成电路先进技术的发展面临着一定的风险。不过，国外一些成熟技术已经对外开放。举例来说，在

集成电路制造方面，国外对 28 纳米以上技术的限制较为宽松。我们可以以这些技术为基础，充分发挥国内市场优势和内需潜力，推广和改进这些技术。目前，中芯国际（上海）代表了中国大陆自主研发集成电路的最先进水平。未来，我们可以进一步加强研发工作，加快建立起属于我国自己的集成电路供给体系。这将有助于我国在集成电路领域的自主发展，并提升我们在国际市场上的竞争力。

三、加大对集成电路高端人才的培养，出台更多有针对性的引人、留人政策

积极通过人才引进，股权激励，政府补助等方式进行高端人才的引进，通过产学研结合的方式，同时对半导体行业人才的住房、落户等问题上进行政策倾斜。可以设立集成电路专项人才基金，将专项基金与用人单位待遇相配套，形成立体化人才吸引体系。充分利用上海完善的行业协会制度，加强集成电路行业协会、上海硅知识交易中心等人才实训基地建设。

专栏　芯导科技——专注"小体积　大作用"的功率化器件

电子手表、手环、耳机等小型消费类电子产品改变了人们的生活方式，是日常生活中不起眼却不可或缺的重要组成部分，这些小型电子产品爆发性地成长离不开其背后

半导体技术的应用与进步。

半导体行业可以分为集成电路和分立器件，其中集成电路可分为模拟IC（含功率IC）、逻辑IC、存储IC、微处理器IC等，分立器件可分为光电子、传感器、功率器件等。功率半导体是包括功率IC和功率器件等产品，用于实现对功率进行变频、变压、变流、功率放大及管理。功率器件的小型化带来了耳机等产品的诞生，而伴随着各个产业的电子化推进，功率半导体在新能源发电、电动车等行业也迎来了爆发式增长。

一直以来全球功率半导体尤其是高端功率器件始终被英飞凌、安森美、三菱等外资大厂所主导，随着近年来国内电动汽车、新能源发电、工业控制等下游应用行业的快速发展，我国功率半导体企业开始崭露头角，如华润微电子、中国电科、华大半导体等企业均开始参与细分市场竞争，芯导科技也是其中之一。

1. 小器件　强研发

芯导科技成立于2009年，是一家专注于半导体材料和器件研发、生产和销售的高新技术企业。从致力于手机线性充电器件及保护类功率器件的研发、销售，到根据客户需求扩展技术开发领域，此后正式形成了功率器件和功率IC两大业务板块，并于2021年获得工信部专精特新"小巨人"企业称号，同年公司登陆上交所科创板。

芯导科技总部位于上海，在北京、深圳等地设有研发中心和销售分支机构。起步于TVS/ESD产品（Transient Voltage Suppressor，简称TVS，即小型化功率器件；Electro-Static Discharge，简称ESD，即静电阻抗器），芯导科技经历10余年发展，目前形成了两大业务板块：功率器件和功率IC，主要应用于通信、消费电子、安防等领域。

芯导科技采用行业常见的Fabless经营模式，在这种模式下，公司没有自己的生产制造晶圆工厂，而是专注于芯片设计和创造，致力于提高产品质量与性能，因此产品的研发环节尤为重要，是这类公司经营活动的核心环节。以自主研发的技术平台为发展基础，芯导科技持续推动技术的更新换代，拓展应用领域、丰富产品的功能、提高产品性能，目前其推出的部分TVS、MOSFET等功率器件产品在技术上处于国内前列，是第三代半导体产品较早开发成功的国内企业。

其官网显示，截至2023年12月31日，芯导科技现行有效知识产权累计108项，其中发明专利20项，实用新型34项，另有集成电路布图设计专有权48项，商标6项。2023年，公司获得新增授权知识产权19项。

2. 扎根张江的技术型管理层

芯导科技的创始人欧新华与副总经理陈敏以及监事会

主席符志岗均毕业于国内知名高校微电子专业，长期在产业内担任研发工程师，他们作为公司的核心技术人员，建立起公司踏实坚韧的技术型管理层。

其中创始人欧新华从西安交通大学电子工程系毕业，此后在西安微电子技术研究所攻读微电子学与固体电子学专业，结束硕士研究生的学习后，他先后在两家芯片公司任职。2009年，欧新华凭借对市场机遇的敏锐观察，瞄准"功率半导体"赛道，在张江创办了芯导科技。"当时国产化的比例很低，客户端需求很旺盛。而选择张江的原因，就是看中这里的聚集效应，直觉告诉我要进入集成电路产业创业，就一定要在这里起航。"欧新华曾经在采访中表示。

在张江，欧新华将自己的企业带领成为细分领域中的佼佼者，欧新华认为，"如何能做到不被卷在其中，只能提高竞争优势，加深壁垒，做到行业第一"。在这样的信念下，欧新华带领的芯导科技已经成为上海市规划布局内重点集成电路设计企业，并入选"2024上海专精特新'小巨人'企业品牌价值榜——百佳企业"名单。

第三章
生物医药产业

生物医药产业是人民健康生活的重要支撑，党的二十大报告中强调："推进健康中国建设。人民健康是民族昌盛和国家强盛的重要标志。把保障人民健康放在优先发展的战略位置，完善人民健康促进政策。"在"加快实施创新驱动发展战略"布局中，坚持面向人民生命健康，加快实现高水平科技自立自强。

上海以张江生物医药创新引领核心区为中心，构建"1＋5＋X"生物医药产业空间布局，凝聚生物医药产业的创新力。上海是我国现代医药产业的发祥地，如今正努力建成具有世界影响力的高端生物制造产业集群。

第一节　现代医药产业发祥地正成为生物医药创新高地

一直以来，生命健康是人类生存发展的基本要求，也是社会发展进步的基础。我国历来高度重视人民健康，并在健康领域不断改革，取得显著成就，2016 年 8 月，习近平总书记在全国卫生与健康大会上强调："没有全民健康，就没有全面小康。要把人民健康放在优先发展的战略地位，以普及健康生活、优化健康服务、完善健康保障、建设健康环境、发展健康产业为重点，加快推进健康中国建设，努力全方位、全周期保障人民健康。"紧接着，2016 年 10 月，我国正式出台《"健康中国 2030"规划纲要》，强调推进健康中国建设，为实现"两个一百年"奋斗目标和中华民族伟大复兴的中国梦提供坚实健康基础。

生物医药作为生命健康产业的一部分，是上海"3 + 6"重点发展的先导产业，也是战略性新兴产业中全球竞争热点之一。生物医药产业是支撑国家医疗卫生体系建设的重要基础，也是支撑社会经济发展和人民健康水平提升的重要支柱。

按照《战略性新兴产业分类（2018）》，生物医药行业可以划分为生物药品、化学药品、现代中药三个子类，其中，现代中药又分为中药饮片和中成药，生物药品又分为疫苗、血液制品、诊断试剂、单克隆抗体等。

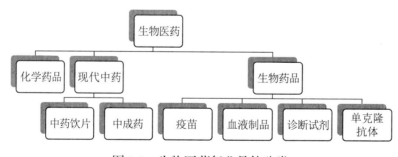

图 3-1　生物医药行业具体分类

资料来源：根据《战略性新兴产业分类（2018）》整理。

一、我国生物医药产业发展转向"以健康为中心"

近年来，我国连续出台多项政策扶持和鼓励生物医药产业发展。

2012 年，国务院发布《生物产业发展规划》，明确了生物医药产业向高端化、规模化、国际化发展的方向。2015 年，药监局启动了药物审核改革，将药品审评标准与国际接轨。随后，2016 年，《"健康中国 2030"规划纲要》出台，这是实施"健康中国"战略的首个纲领性文件，对完善药品保障体系、保障药品安全、医药产业创新发展、健康科技创新、健康医疗大数据应用等方面进行了部署。

2016 年出台的《"十三五"国家战略性新兴产业发展规划》在落实"健康中国"战略的背景下，提出了构建生物医药新体系的目标，并在推动生物医药行业跨越升级、创新生物医药监管方式等方面作出了明确部署。随后，2019 年，《健康中国行动（2019—2030 年）》确定了心脑血管疾病防治、癌症防治、慢性呼吸系统疾病、糖尿病防治、传染病及地方病防控等作为行动的主要任务，并制定了 2022 年和 2030 年的具体任务指标，为生物医药产业规划了明确的发展方向。

2022 年 5 月，国家发展改革委印发实施了《"十四五"生物经济发展规划》，将"面向人民生命健康的生物医药"列为生物经济四大重点领域之一，并对推动医疗健康产业发展进行了专门部署。同时，国家有关部门陆续出台了相应的政策法规，加速医药产业的高质量发展。这些法规政策以规范化导向、患者受益提升、促进国内医药创新长期有序持续发展为目标，加速推动医药产业进一步高质量、规范化、差异化的发展，并在各个环节最大程度地使患者受益，全面提升民众的健康水平。

面对"世界百年未有之大变局"的新局势，未来应锻造长板，补齐短板，打造面向产业安全、人民安全和国家安全的生物医药行业。同时，也应顺应"以治病为中心"转向"以健康为中心"的新趋势，发展面向人民生命健康的生物医药，降低全社会的健康成本，提高全社会的健康贡献，满足人民群众对生命健康更有保障的新期待。提高产业的综合竞争能力，提升我国生物医药产业的自主控制能力，有效维护生物医药产业的安全，乃至国家的安全。"生命至上、创新为本"是建设生物医药强国的战略主题。

2023年8月，《医药工业高质量发展行动计划（2023—2025年）》和《医疗装备产业高质量发展行动计划（2023—2025年）》发布，对未来我国生物医药产业的发展再次明确行动规划，有助于整体行业提质增效。

从八五时期的"为人民健康服务"到十一五时期"高度关注人民健康"，直到十三五、十四五时期将人民健康放在优先发展的战略位置，国家对"人民健康"重视程度越来越高。

近年来，中国生物医药行业的发展呈现出稳步增长且迅速发展的趋势。截至2022年底，我国医药制造业的营业收入已经达到29111.40亿元人民币，医药制造业企业数量达到8814家。2023年，我国医药制造企业营业收入规模稍有下降，但仍然达到2.52万亿元。与此同时，我国生物医药产业在原料药、疫苗、细胞治疗、中成药等领域都已经建立起了自身的国际竞争力。这些成就反映了中国生物医药行业在技术创新、市场拓展和企业发展等方面取得的显著进步，为未来行业的持续健康发展奠定了坚实基础。

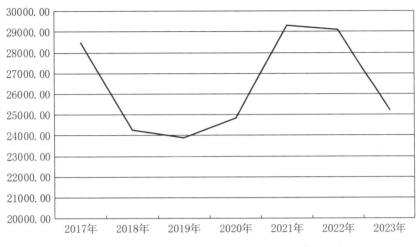

图 3-2 近年来我国医药制造业营业收入（单位：亿元）

数据来源：国家统计局，第一财经研究院整理。

在原料药领域，截至 2021 年，中国的原料药规模已占据全球市场的 28%，较 2012 年增加了近 9 个百分点。中国不仅可以生产多达 1500 余种原料药，而且原料药生产商数量位居世界第一。这一成就彰显了中国在原料药领域的雄厚实力和领先地位。在细胞治疗领域，截至 2021 年底，全球登记的干细胞临床研究项目达到 6065 项，而中国占比达到 10.9%，仅次于美国和欧洲，位居全球第三。这表明中国在细胞治疗领域的研究和发展取得了显著进展，显示出中国在生物医药领域的实力和潜力。在中药领域，近十年来，中国中药市场规模保持着 10% 以上的复合增长率。这表明中国传统中药在国内外市场的需求持续增长，中药产业在科研、生产和市场拓展方面取得了显著进展。

二、上海打造世界生物医药产业集群

自 1993 年上海率先将现代生物与医药产业列为重点发展的高新技术产业以来，我国现代医药产业的发祥地上海已经成为生物医药产业创新高地，产业发展要素齐备，产业生态完善，国际影响力日益提升。

"十四五"是上海加快建设具有国际影响力的生物医药产业创新高地、全力打造世界级生物医药产业集群的关键时期。《上海市先进制造业发展"十四五"规划》要求，以全链协同、成果转化为重点，聚焦生物制品、创新化学药、高端医疗器械、现代中药以及智慧医疗等领域，推动全产业链高质量发展，到 2025 年，基本建设成为具有国际影响力的生物医药创新高地。

2021 年，出台的《关于推进上海市生物医药研发与制造协同发展的若干举措》指出将聚焦"张江研发 + 上海制造"，强化政策的系统支持，加快"1+5+X"产业空间联动，推动企业集群式发展，打造世界生物医药产业集群。同年 5 月，《关于促进本市生物医药产业高质量发展的若干意见》发布，明确将重点支持创新药品、高端医疗器械、先进生物医药装备和材料、新型服务外包等 4 大产业发展。

同年 12 月 31 日，《上海市生物医药产业发展"十四五"规划》发布，这是上海对生物医药产业发展提纲挈领的指引，明确上海将瞄准生物医药产业"高端化、智能化、国际化"发展方向，深入实施"张江研发 + 上海制造"行动，加快打造具有全球影响力的生物医药产业创新高地和世界级生物医药产业集群。到 2025 年，上海将初步建成世界级生物医药产业集群核心承载地，产业规模超 1 万亿元。

2022 年 10 月，上海市政府印发《上海市加快打造全球生物医药研发经济和产业化高地的若干政策措施》，明确到 2030 年，上海全球生物医药研发经济和产业化高地地位将进一步凸显，研发经济总体规模进一步提升，涌现出一批在沪研发并上市的创新药和医疗器械重磅产品，集聚一批具有国内外影响力的生物医药创新型总部以及创新平台，研发经济成为上海生物医药产业发展的重要支撑力量。

2023 年，上海推出《上海市加快合成生物创新策源　打造高端生物制造产业集群行动方案（2023—2025 年）》，提出到 2030 年，建设合成生物全球创新策源高地、国际成果转化高地和国际高端智造高地，基本建成具有全球影响力的高端生物制造产业集群。其中，细分目标包括：到 2025 年，涌现若干项具有国际影响力的合成生物领域科研成果、一批领先企业和高端人才，构建基础研发领先、创新转化活跃、产业主体蓬勃发展和产业生态健全完备的新发展格局。新增 5 个以上具有国际影响力的顶尖科学家及其团队，建立库容百万级以上的元件库，建设服务能级覆盖长三角乃至亚太地区研发和产业发展需求的重大科技基础设施，形成一批相关重大原创科研成果，进入全球创新策源技术前列；开发面向基因编辑、合成与组装、线路设计与构建等具有自主知识产权的关键技术，组建 5 个以上合成生物功能型平台，实现一批具有核心竞争力的转化项目，形成一批有产业应用价值的国际合作项目，培育 10 个以上在国内外具有一定影响力的创新引领型企业；吸引 5 家以上企业建设区域或研发总部，新增 3 至 5 家合成生物领域企业上市，培育 1 至 2 家年销售收入超过 10 亿元的优势企业，建设 3 个左右具有特色和国内领先优势的产业基地。

2024 年 7 月 30 日，上海出台新一轮《关于支持生物医药产业全链条创新发展的若干意见》，围绕研发、临床、审评审批、应用推广、产业化落地等诸多关键环节，推出八大方面合计 37 条举措。该建议明确未来将进一步鼓励创新策源、进一步放大临床资源优势、进一步缩短产品研发和上市周期、进一步加快创新产品应用推广、进一步完善全要素支撑体系并进一步释放改革创新活力。

在这些政策的指引下，作为上海重点发展的三大先导产业之一，生物医药产业发展势头良好，统计数据显示，2021 年上海生物医药产业规模超过 7000 亿元，继 2020 年首次达到 6000 亿元后，产业规模迈上又一个新台阶。2022 年，新增获批 1 类新药 4 个，数量居全国第一；新增通过国家创新医疗器械特别审批通道获批的器械 9 项，累计 33 项获批上市，数量占全国的六分之一；生物医药资本活跃，一级市场融资金额达 241.86 亿元，为全国第一。

《上海市生物医药产业发展白皮书（2023 版）》显示，2022 年，上海生物医药产业规模 8536.23 亿元，同比增长 12%。其中生物医药制造业规模 1973.70 亿元，同比增长 5.3%。2024 年上半年生物医药制造业产值达到 935 亿元，较 2023 年同期增加了 37 亿元。截至 2024

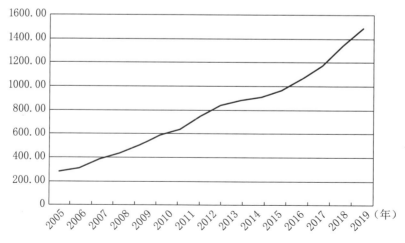

图 3-3　上海市生物医药制造业工业总产值（单位：亿元）

数据来源：上海市统计年鉴，第一财经研究院整理。

年 7 月底，上海市已有 19 款一类创新药和 25 款三类创新医疗器械获批上市，生物医药产业规模从 2021 年的 7617 亿元提升至 9337 亿元。

第二节 培育更多行业领头企业

上海生物医药产业以中小企业为主，缺少龙头企业、单个企业竞争力较弱，但顶尖高校、综合性医院集聚是上海重要的发展优势，在面对新兴生物技术带来的行业重要发展机遇时，需利用好人才优势，实现更多临床需求与创新。

一、优势：投融资环境优越、人才优势明显

投融资环境优越。生物医药行业是资金密集型行业，其研发过程中需要大量长期资金的支持。上海发挥上海证券交易所、陆家嘴金融集聚区优势，整个城市金融市场活跃，投融资优势明显，且政府部门设置了多种渠道与企业对接资金需求。在工信部举行的全国小微企业外部融资环境评价中，上海连续三年名列全国第一，这为生物医药产业的发展持续提供动力。

人才优势明显。上海拥有复旦大学、上海交通大学、上海中医药大学等一批顶尖高校，每年培育十多万相关产业人才，同时，在人才引进方面，上海也是位居全国首位，为医药企业提供了源源不断的人才。此外，上海还拥有中山、瑞金、仁济等高端研究型医院，一个个源自临床需求的原始创新被实现和推广。

二、劣势：龙头企业缺乏、市场导向与竞争性较弱、存在外资冲击风险、供应链薄弱环节较多

缺少龙头企业，竞争力不足是上海生物技术企业面临的主要挑战。相比于硅谷、丹麦、瑞典等世界知名的生物医药产业聚集地，上海的生物医药产业规模较小，大部分企业为中小型，整体经济总量远远落后。这些企业普遍呈现"小、散乱"的发展特点，缺乏统一的领导和优势细分产业。同时，企业之间缺乏协同性和竞争性，长期以来一直存在着无序竞争的现象，缺乏自我超越和新型创新主体的崛起。

上海的生物医药产业市场导向性和竞争性较弱。各大科研院所和研究机构缺乏有效整合，导致新药研发力量分散，技术成果转化率低，专利数量有限，国际竞争力不足。

外资企业的涌入增加了行业的竞争压力，并带来了技术成果外流的风险。此外，生物医药产业的供应链存在许多薄弱环节，生物技术原料和药品大量依赖进口。核心技术和产品的自主研发能力不足，许多生物医药相关的科研仪器、制造装备和硬件都需要从国外进口。因此，我国面临着"卡脖子"的核心技术的风险，可能出现被断供、购买条件不公平、信息泄露等风险挑战。

三、机遇：全球生物医药产业蓬勃发展、产业升级势在必发、国家政策扶持

全球生物医药产业蓬勃发展。当前正处于重要的发展机遇窗口期，全球干细胞、基因技术等新兴生物技术的发展有望重构世界医药

产业竞争格局，同时在新冠等突发传染病及重大疾病的威胁下，人们对生命科学更为重视，科技进步推动生物医药产业整体快速发展，上海生物医药产业也迎来了自身发展的重要机遇期。

产业升级势在必发。"十四五"规划提出，坚持创新在我国现代化建设全局中的核心地位，把科技自立自强作为国家发展的战略支撑。从客观条件来说，国际环境日趋复杂，经济全球化遭遇逆流，在技术引进上其他国家对我国进行更多限制，技术受限现象时有发生。这对我国生物医药领域自立自强提出了新要求，结合全球生物科技竞争史的规律看，只有把关键核心技术掌握在自己手中，才能向生物科技强国和产业强国迈进，满足人民健康的重大需求，防范化解相关生物安全风险。

国家政策的积极扶持对生物医药产业的发展起到了关键作用。生物医药产业具有高投入、高风险、高回报和长研发周期的特点，因此，产业的发展需要实现三大集聚：向园区集聚、向经济发达地区集聚、向专业智力密集区集聚。在我国，生物医药产业区域发展的三大集聚趋势得到进一步强化，尤其是研发和临床环节仍将进一步集聚于北京、上海等东部地区，这些地区拥有科研院所集中和创新能力较强的优势。

自 2009 年起，上海便开始实施《上海市生物医药产业发展行动计划》，并陆续制定了多部地区性的生物医药产业发展规划，这些举措为生物医药产业的发展提供了重要的政策支持。随着国家政策的不断完善和支持力度的增强，预计生物医药产业在上海及全国范围内将迎来更加蓬勃的发展。

四、挑战：外资企业的冲击、企业间恶性竞争

全球化形势下外资企业的冲击。随着经济全球化进程的深入，一大批跨国生物医药企业巨头纷纷入驻上海，加剧了上海生物医药市场的竞争，以中小企业为主的上海生物医药企业面临更加严峻的挑战。

企业间恶性竞争不利于生物医药产业发展。我国生物医药市场的发展空间巨大，但是还没有形成良性的市场竞争机制。良性发展的医药市场通常呈层次性、梯度化发展特点，整个市场由几家大型药企领导，其他小型企业跟随发展。上海生物医药产业中缺乏本土龙头企业，多数中小企业从事外包生产药品仿制等低价值业务。在特定产品市场相对饱和的情况下中小企业可能长期陷入价格战等恶性竞争。

第三节　优化产业布局　鼓励企业"走出去"

上海生物医药产业的发展应关注产业布局的优化，培育更多有竞争力的龙头企业，助力本土企业"走出去"。

一、优化产业布局，加速市场化进程

当前，上海生物医药产业已初步建立，以六大产业基地为核心，覆盖了周边地区。未来，上海生物医药产业的发展应依托这六大产业基地，明确各基地的发展定位，避免政策交叉、结构性障碍。同时，应在创新药物、高端制造等领域设立产业链协同发展的专项支持，整

合政策、技术、资金、人才、平台等各类资源，实现生物医药产业链的无缝对接，全面提升产业链要素的竞争力，加速产业的市场化进程。

二、完善产业发展环境，鼓励企业自主创新

上海生物医药产业一直以来注重研发与创新，大部分产品的制造和服务主要依赖外包，同时借助长三角其他省份和城市在产业链环节中的补充，推动了上海生物医药领域的创新发展。未来，上海的生物医药产业将逐步淘汰低附加值、高能耗、高污染的产业环节，转向生物医药研发、创新等产业链的上游发展。为此，上海需要进一步完善生物医药产业的投融资机制，制定并实施生物医药产业发展专项资金等重大举措，以鼓励企业自主创新。

三、助力本土生物医药企业"走出去"

上海生物医药产业立足国内、面向全球，已经涌现出许多在细分领域具有专业技术和创新能力的小巨人企业，它们的产品技术附加值高，备受行业认可。虽然上海已经出台了一系列支持企业"走出去"的政策和服务，相比以往有了明显改进，但整体上仍存在系统性协同性不强、质量效益不高等问题。特别是针对企业遇到的国内临床试验结果在国际注册时不被认可、药品专利保护在国际上未得到充分认可、海关通关效率亟待提升等问题，需要进一步加强新药审评审批技术规范、知识产权保护及认定、海关信息标准的国际接轨，并解决由制度规则差异造成的实际障碍。为此，上海正在积极探索海关监管的

新模式，已经建立了生物医药国际合作研发便捷通道、企业（研发机构）进口用物品"白名单"制度等举措，以促进研发用物品及特殊物品通关便利化。今后，这一试点范围应进一步扩大，为更多企业提供走向全球市场的机会。

四、加强人才引进培养，建设高水平高层次人才队伍

要吸引国内外高层次人才和团队，巩固提升高等院校及科研院所的优势，勇于探索生命前沿科学领域，取得更多高水平的原创成果；推动企业自主创新，引导生物医药企业发挥人才优势，不断深入探索科学技术的更广泛和更深层次，促进产学研结合，以科学规律为指导，积极参与基础理论研究，深入了解源头和底层逻辑，实现关键核心技术的自主可控；开展一系列国际科技合作，通过举办前沿技术论坛、参加进口博览会等活动，引导生物医药企业顺应全球生物科技创新要素的流动趋势，推动开放式创新，加强国际科技合作，积极融入全球技术创新网络，充分利用全球人才和资本等创新要素，持续提升技术创新能力及在全球生物医药产业链中的地位。

专栏　吉尔生化——微观世界里的"建筑师"

多肽是由多种氨基酸按照一定排列顺序通过肽键结合而成的化合物。多肽产品种类繁多，我国科学家于 1965

年在世界上首次人工合成的牛胰岛素就是一种多肽类生物活性物质。在医疗、美容以及保健等领域，多肽也被广泛应用，比如用于疫苗的研发，化妆品和保健食品的生产等。

吉尔生化（上海）有限公司（以下简称"吉尔生化"）就是一家深耕多肽领域20余年的中小企业，其以多肽合成作为核心业务，同时也是上海生物医药产业的"小巨人"企业。

生物医药产业作为上海重点发展的三大先导产业之一，近年来蓬勃发展，这离不开上海的生物医药企业，尤其是那些专精特新"小巨人"企业的助推。吉尔生化作为其中一颗"螺丝钉"，如今一年的营业收入约为7亿元。尽管这个数据对于上海生物医药产业来说只是冰山一角，但吉尔生化的多肽原材料产业化对于我国自主药物研究却起着重要作用。

1. 回国创业，填补多肽原材料领域空白

吉尔生化诞生于20多年前，那时国内多肽领域正处于空白期，市场上缺乏多肽原材料。看到这个情况，当时身处美国的徐红岩（现为吉尔生化创始人、董事长）认为自己应当有所作为，毅然决然选择回国，创办了吉尔生化。

"那个时候要做多肽真是两眼漆黑，因为国内什么原

材料都没有。就相当于那个时候在中国生产一台电视机，零配件全部都没有。"徐红岩描述回国后创业初期时的情景，字里行间都透露出艰难。

正如徐红岩所述，二十多年前，合成一条多肽需要几十种试剂，这些试剂需要进口且成本高昂，当时有能力合成多肽的实验室甚至也寥寥无几。为填补国内多肽原材料的缺口，吉尔生化从原材料做起，1998年公司第一个产品——缩合剂研发成功。此后，公司不断开发新试剂，如今在市场上销售的多肽原材料有七千多种是由吉尔生化生产的。

多肽关键试剂的国产化不仅填补了我国在该领域的空白，还降低了多肽、蛋白质等新药研发的门槛。试剂国产化后，价格仅为进口的三分之一，不仅节约了资金成本，还为国内科研工作者从事多肽研究提供了极大的便利。

2. 注重研发，打铁还需自身硬

"我们一开始就很注重研发，利用我们原来在国外学的东西，然后再在中国进一步地搞研发。"公司创立之初，在浦东张江提供的免租金优惠政策下，吉尔生化选择了上海。"早期刚到上海的时候，我们也没那么多钱买仪器设备。比如说核磁共振的仪器，根本没有经费去买。但是上海很多大学、研究机构，它们可以分享这些设备。"上海浓厚的科研氛围促使公司长期扎根于此，也让徐红岩更加深刻体会到搞科研需要资金的投入。

在公司不断发展的过程中，在科研方面的资金投入只增不减。如今公司购买的仪器设备数量、种类可以堪比国内一些大学实验室。作为科学家创业的企业家，徐红岩博士认为，兴趣是最好的老师。他至今仍会跟科研人员交流探讨，推动企业不断开发新的产品、开拓新的领域。

企业文化方面，吉尔生化抛弃"狼性"文化，几乎不主动开除员工，鼓励员工多劳多得，待遇与绩效挂钩。然而，公司也曾面临许多高新技术公司遇到过的恶意竞争问题。"我们申请了很多专利，但有一些公司恶意挖人，把专利产品偷走，包括商业秘密和客户信息。"但徐红岩认为，只要自身实力过硬，有成功的产品和技术，加上客户和市场的认可，企业依然能走在行业前端。目前，吉尔生化拥有包括50余件授权发明专利和200多件申请发明专利，以及多项关键核心技术和独有技术。

吉尔生化的企业文化也从侧面反映出公司内部管理中的企业社会责任。从外部来看，吉尔生化也在尽自己所能履行企业社会责任。公司曾参与抗击新冠疫情，并作出重要贡献。作为物质保供单位，吉尔生化为确保多肽药物的生产，提供了生产所必需的大量制备关键原料FMOC-保护氨基酸。此外，吉尔生化还为多个实验室和研究所等机构提供了疫苗筛选用多肽及多肽原料，助力新冠疫苗的筛选。

3. 聚焦主业，布局全球化

吉尔生化一直以来都聚焦多肽领域。徐红岩说："民营企业一定要聚焦自己的本行，就是做自己有特长的、有优势的领域。"20多年来，吉尔生化始终钻研多肽领域，不仅在国内占据了一定市场，还在国外收购了知名多肽公司，扩展了全球化经营。

创立之初，吉尔生化研发生产多肽产品，并向国内的各科研院所、高校及研究机构提供多肽合成试剂。随着规模的扩大，公司开始大批量地出口产品到欧美、日本、印度市场。如今，吉尔生化的产品出口也具备一定规模，多肽产品出口多达50余个国家和地区。

吉尔生化的全球化布局主要是通过海外收购进行的。在收购海外公司后，吉尔生化会保留海外公司原有的管理层以及人员架构，并把国内的管理机制推广至海外公司。海外品牌在当地市场已具备一定知名度，利用海外品牌打开国际市场更为容易。在收购海外多肽公司的同时，吉尔生化的销售服务网络也进一步延伸至全球主要国家和地区。

4. 科研设备的自主研发仍需加强

生物医药产业是上海重点发展的产业之一，目前来看，"张江研发＋上海制造"品牌在一定程度上已经打响。

然而正因为品牌知名度的上升，越来越多生物医药企业入驻张江产业园区，园区租金也随之上涨。在这样的情况下，吉尔生化将总部搬至闵行紫竹园区。

对于生物医药企业数量不断上升的现状，徐红岩认为竞争有时候也是一件好事，好比"大浪淘沙中淘出金子"。有竞争企业才有危机感，进而才有服务质量和营商环境的改善。"刚开始的时候你并不知道谁最后会脱颖而出。有一定的热度，大家都在做这个事情，最后在市场上坚持不了的，或者各方面不行的企业就会淘汰，剩下的总会出来一批优秀的企业，整个领域就在发展。"

在营商环境方面，徐红岩提出，希望上海对于初创阶段的生物医药研发型企业给予一定的土地和税收优惠政策，让企业有一个循序渐进的发展过程。

然而，像吉尔生化这样的以制备多肽试剂为主的生物医药企业，实验室仪器大多采用的还是国外进口设备，这是一个潜在的短板。以吉尔生化常用的科研设备质谱仪为例，据海关总署数据，2022 年，我国包含这款质谱仪在内的质谱仪出口金额仅为进口金额的 7% 左右。对于精密科研仪器制造，我国仍有一段路要走。

第四章
人工智能产业

　　人工智能是引领未来的新兴战略性技术，是驱动新一轮科技革命和产业变革的重要力量。习近平总书记多次作出重要指示，强调"要深入把握新一代人工智能发展的特点，加强人工智能和产业发展融合，为高质量发展提供新动能"。

　　在人工智能核心技术、基础软硬件、智能产品和行业应用的协同发展下，上海已经构建了一个相对完备的产业链，人工智能技术扎根金融、医疗、教育、交通等领域，发展出丰富多彩的应用场景。

第一节　技术＋应用＝人工智能"上海高地"

　　根据《人工智能标准化白皮书（2018）》，人工智能是利用数字计算机或者数字计算机控制的机器模拟、延伸和扩展人的智能，感知环境、获取知识并使用知识获得最佳结果的理论、方法、技术及应用系统。

在过去半个世纪的发展过程中，人工智能经历过低谷也经历过高潮。自2010年以来，计算机软硬件技术飞速发展，给人工智能技术的发展和应用插上了翅膀，人工智能技术的理论和技术日益成熟。海量数据和新算力的发展推动了人工智能的多元发展和应用落地，将人工智能推向人类生活，人工智能技术被广泛应用于各行各业，赋能经济生活的方方面面。

各国政府纷纷将人工智能的发展纳入国家战略规划。

2016年，美国白宫前后推出《为未来人工智能做准备》《国家人工智能研究与发展策略规划》《人工智能、自动化和经济》等人工智能战略。与此同时，美国相继成立国家人工智能倡议办公室、国家AI研究资源工作组等机构，密集出台系列政策，将人工智能提到"未来产业"和"未来技术"领域的高度，确保自身在人工智能领域"领头羊"的战略地位。

2021年，欧盟发布《2030数字化指南：欧洲数字十年》《升级2020新工业战略》等，拟重塑数字时代全球影响力，并将推动人工智能发展列为重要的工作。

2021年6月，日本发布"AI战略2021"，致力于推动人工智能领域的创新创造计划，全面建设数字化政府。

2021年9月，英国发布国家级人工智能新10年战略，此前的2016年，英国也曾经推出过相关战略，旨在重塑人工智能领域的影响力。

在各国政府的大力支持下，互联网技术的发展给人工智能技术提供了丰富的大数据资源，计算技术的变革大大提升了计算机算力，使得硬件成本下降，而基础算法和人工智能平台的创新大幅提高了算法效率，人工智能技术在这些因素的推动下，飞速发展，目前已经扎根于金融、医疗、教育、交通等领域，发展出丰富多彩的应用场景。

一、人工智能已融入我国整体创新体系

我国高度重视人工智能的发展，通过发布政策规划、实施重大项目等方式积极推动人工智能技术和产业创新发展，将人工智能融入国家整体创新体系，不断增强产业竞争力。人工智能产业的国家级规划与目标陆续出台。

表 4-1　国家人工智能相关政策汇总

政策发布时间	政 策 名 称
2015 年 5 月	《中国制造 2025》
2015 年 7 月	《国务院关于积极推动"互联网+"行动的指导》
2016 年 3 月	《中华人民共和国国民经济和社会发展第十三个五年规划纲要》
2016 年 5 月	《"互联网+"人工智能三年行动实施方案》
2016 年 8 月	《"十三五"国家科技创新规划》
2017 年 3 月	《"十三五"国家战略性新兴产业发展规划》
2017 年 7 月	《新一代人工智能发展规划》
2017 年 12 月	《促进新一代人工智能产业发展三年行动计划（2018—2020 年）》
2018 年 11 月	《新一代人工智能产业创新重点任务揭榜工作方案》
2019 年 3 月	《关于促进人工智能和实体经济深度融合的指导意见》
2019 年 8 月	《国家新一代人工智能开放创新平台建设工作指引》
2020 年 7 月	《国家新一代人工智能标准体系建设指南》
2021 年 7 月	《新型数据中心发展三年行动计划（2021—2023 年）》
2021 年 9 月	《新一代人工智能伦理规范》
2022 年 8 月	《关于加快场景创新以人工智能高水平应用促进经济高质量发展的指导意见》

资料来源：第一财经研究院根据公开资料整理。

我国形成了人工智能"1＋N"政策体系，为其发展提供政策依据和制度保障。其中，"1"是指 2017 年 7 月国务院发布的《新一代人工智能发展规划》，这是我国在人工智能领域进行系统部署的首个文件，也是面向未来打造我国先发优势的顶层设计文件，将人工智能正式上升为国家战略，提出了面向 2030 年我国新一代人工智能发展的指导思想、战略目标、重点任务和保障措施。"N"是顶层设计出台之后，部委层面陆续出台的关于人工智能产业的发展规划、行动计划、实施方案等落地政策，其中工信部、科技部发布的政策主要涉及数实融合、场景创新、区域创新等内容，国家标准委、国家发改委围绕标准体系、伦理规范、基础设施建设等内容开展工作。

党的十九大报告提出，要"推动互联网、大数据、人工智能和实体经济深度融合"。此后，数次中央政治局会议也有所提及，以 2023 年 4 月 28 日召开的中央政治局会议为例，会议指出："要加快建设以实体经济为支撑的现代化产业体系，既要逆势而上，在短板领域加快突破，也要顺势而为，在优势领域做大做强。要夯实科技自立自强根基培育壮大新动能。""要重视通用人工智能发展，营造创新生态，重视防范风险。"

我国在人工智能领域的起步虽然较发达国家晚一些，但依托于丰富的数据资源、经济生活全产业链条的可应用场景开发，大数据、计算机视觉、语音识别、自然语言处理、机器学习等人工智能核心技术已经得到广泛的应用。人工智能技术已经在金融、医疗、教育、制造、交通、物流等行业随处可见。据中国信通院统计数据显示，截至 2021 年，中国人工智能企业数量 4975 家，占全球比重 24.9%，在全球位居第二，是全球人工智能发展高地之一。其中，智能机器人企业数超过 1500 家，占比 38.3%；计算机视觉企业数超过 970 家，占比 19.6%；智能语音企业数超过 700 家，占比 14.6%。从区域分布来看，北京、广东、上海三地汇集了全国 61.1% 的人工智能企业。截至 2021 年，落地北京的人工智能企业有 1256 家，占全国比重 25.2%，位列全国第一；其次是广东，拥有人工智能企业 1014 家，占全国比重 20.4%；上海人工智能企业共计 772 家，占全国比重 15.5%。

与此同时，我国人工智能行业始终坚持深挖技术本身的价值，拓宽人工智能技术的应用，据赛迪智库数据显示，人工智能行业应用层产业的规模占比最大，2021 年中国人工智能应用层产业规模为 926.5 亿元，占中国人工智能产业总规模的 51.2%，近六年占比均高于 50%。

如今，在金融领域，人工智能在风险控制、投融资决策、服务升级等方面为金融企业赋能，挖掘金融产业价值链，有效提高金融服务的效率，防范金融风险的发生。在工业领域，工业机器人逐渐普及，重复性、危险性的体力劳动被机器人所替代。汽车领域，自动驾驶不断在试点，传统车企和互联网企业均在向高度或者完全自动化方向发展。

二、人工智能与实体经济在上海深度融合

2017 年，为贯彻落实国家《新一代人工智能发展规划》，上海发布《关于本市推动新一代人工智能发展的实施意见》，首次将人工智能上升为上海优先发展战略，正式拉开上海人工智能产业发展序幕。

顶层规划方面，上海先后推出《关于加快推进人工智能高质量发

展的实施办法》《关于建设人工智能上海高地构建一流创新生态的行动方案（2019—2021 年）》《上海市人工智能产业发展"十四五"规划》等政策。

其中，2021 年 7 月发布的《上海市先进制造业发展"十四五"规划》明确提出，重点在于以创新策源、广泛赋能为核心，深化人工智能与实体经济的融合。该规划要求推动人工智能领域的前沿基础研究，包括但不限于人工智能数学基础、类脑智能、认知智能、群体智能、小样本学习、安全可信人工智能以及量子智能等领域的探索。同时，着力突破计算机视觉、自然语言处理、知识图谱、自主智能无人系统等通用技术，重点打造一批标志性大规模算法模型，努力形成原创性、引领性的重大成果。此外，加快创新平台建设也是该规划的重要内容。围绕基础理论研究、算法开源、算力开放、数据融合、应用转化等关键环节，上海将建设高水平的开放式创新平台，如上海人工智能实验室、自主可控开源算法平台、超大规模开放算力平台等，以推动人工智能技术的创新和产品的应用落地。

2021 年 12 月 29 日发布的《上海市人工智能产业发展"十四五"规划》提出，力争到 2025 年，上海人工智能技术创新能力和产业竞争力显著提升，部分领域达到世界领先水平，基本建成更具国际影响力的人工智能"上海高地"；人工智能深度赋能经济、生活、治理领域数字化转型，助力提升城市能级、核心竞争力和城市软实力，成为上海城市数字化转型发展的核心驱动力；人工智能创新人才集聚与培育体系进一步完善，人工智能法规体系、标准体系、监管体系初步建立，形成敏捷治理的"上海方案"，为全球人工智能治理贡献上海智慧。到 2035 年，上海人工智能整体发展达到世界领先水平，成为全球资源集聚、应用广泛深入、产业链条完备、治理敏捷可靠的世界人工智能中心节点城市，形成泛在、集智、全能的人工智能与城市发展深度融合格局，为建成面向未来的社会主义现代化国际大都市奠定坚实基础。

2022年9月22日，上海市十五届人大常委会第44次会议表议通过《上海市促进人工智能产业发展条例》，于10月1日起实施。这是人工智能领域的首部省级地方法规。条例提出，把上海市建成具有国际影响力的人工智能"上海高地"。

2023年4月25日，上海市人民政府网站发布《关于新时期强化投资促进加快建设现代化产业体系的政策措施》。上海将瞄准人工智能领域具有全球影响力的重大原创成果、前沿理论、龙头企业等，加快招引智能芯片、核心算法、操作系统和基础软件等重点项目落地。对引进符合条件的人工智能关键技术项目，给予不超过项目投资的30%、最高2000万元的支持。

2024年，《上海市加快推进新型工业化的实施方案》明确以底层技术突破支撑人工智能迭代升级，实施大模型创新扶持计划，丰富智能算力、高质量语料供给，加快科学智能、无人驾驶等核心技术突破，建设"模速空间"创新生态社区。

除了发布相关政策指导行业的发展，上海还通过举办世界人工智能大会吸引全球高精尖人才汇聚一堂，共商人工智能行业的发展与未来。

2018年首届世界人工智能大会在上海召开，这一年也被认为是上海人工智能元年。这一年中，上海引入20个重点人工智能项目，并出台"人工智能22条"吸引高端人才入沪，开放人口、法人、空间地理等 TB 级公共数据库，建立千亿级的产业基金。

在随后几届世界人工智能大会上，人工智能"上海方案"、上海人工智能"十四五"规划、新一代人工智能发展实施意见、产业发展三年行动计划、构建一流创新生态行动方案，以及全国首个算法创新行动计划、全国首个地方人工智能标准体系等政策陆续出台，为全市人工智能行业保驾护航。

表 4-2　上海人工智能相关政策汇总

政策发布时间	政　策　名　称
2017 年 11 月	《关于本市推动新一代人工智能发展的实施意见》
2017 年 12 月	《上海市人工智能创新发展专项支持实施细则》
2018 年 9 月	《关于加快推进上海人工智能高质量发展的实施办法》
2019 年 10 月	《关于建设人工智能上海高地构建一流创新生态的行动方案（2019—2021 年）》
2021 年 6 月	《上海市战略性新兴产业和先导产业发展"十四五"规划》
2021 年 12 月	《上海市人工智能产业发展"十四五"规划》
2022 年 9 月	《上海市促进人工智能产业发展条例》
2023 年 4 月	《关于新时期强化投资促进加快建设现代化产业体系的政策措施》

资料米源：第一财经研究院根据公开资料整理。

经过数年的发展，人工智能产业对上海数字经济的贡献显著。数据显示，截至 2021 年，上海拥有超过 1200 家人工智能相关企业，全年共签约 155 个人工智能项目，总投资额达 1107 亿元。在人工智能核心技术、基础软硬件、智能产品和行业应用的协同发展下，上海构建了一个相对完备的产业链。

2023 年上海市政府工作报告指出，2022 年全市工业战略性新兴产业总产值占规模以上工业总产值的比重达到了 42%，较 2017 年的 30.8% 有了显著提升。其中，集成电路、生物医药、人工智能三大先导产业的规模已经达到 1.4 万亿元，制造业产值比上年增长了 11.1%。

追求特定场景下的技术创新一直是人工智能发展的目标和驱动力，在上海，人工智能发展的这一特点被展现得淋漓尽致。

在上海专精特新"小巨人"企业中，有不少人工智能企业。在第一财经研究院的调研中，有将行为科学理论与大数据相结合，为金融、电信等行业提供技术赋能的硕恩科技，也有用领先的零信任技术为数据安全保驾护航的派拉软件，正是广大企业推动着上海人工智能行业的发展与壮大。

第二节　AI 大模型蓬勃发展带来行业机遇

上海人工智能产业发展具有良好的人才基础和企业营商环境，众多人工智能企业聚集于此，已经形成一定的集群规模优势。面对 AI 大模型蓬勃发展带来的机遇，应关注继续培育以企业为主的创新体系，进一步提供大数据资源支撑，联合周边城市协同发展，实现区域化、差异化发展。

一、优势：人才优势显著、良好的营商环境

在产学研协同发展方面，上海的人才优势十分显著。作为中国现代化和国际化程度最高的城市之一，上海不仅能够吸引全球顶尖的科

技人才，而且为人工智能的创新应用提供了丰富的大数据和应用场景。在人才培养与引进方面，上海的高校如上海交通大学、复旦大学、同济大学等 14 所高校已设立了人工智能相关的研究院，其中有 10 所高校开设了人工智能相关的专业。此外，上海还建设了一批人工智能技术教育基地，致力于推动人工智能复合型人才的培养。据上海人工智能研究院的数据统计，上海每年都会输出 1 万至 2 万名信息化、智能化人才。世界人工智能大会作为上海的重要平台，正逐步增强其影响力，吸引了大量行业从业人员的关注。近年来，上海五大新城也积极向各类高精尖人才敞开大门。首次提出的"科创 22 条"政策为获得一定规模投资的创业团队核心人才直接落户提供了优惠政策。同时，"人工智能 22 条"更专注于个人，将人工智能人才和核心团队纳入上海市"人才高峰工程"，并通过"一人一策"的方式，为他们在上海的创新创业、工作生活等提供保障措施。据公开数据显示，上海的人工智能人才从 2018 年的 10 万人增长到 2020 年的 18 万人，约占全国人工智能人才总数的三分之一。

良好的营商环境对于吸引优秀企业、培育优势行业至关重要。近年来，上海积极打造市场化、法治化、国际化一流营商环境，自 2018 年起连续实施六轮优化营商环境行动方案，这一系列举措有效助力我国营商环境国际排名大幅提升。上海始终保持科学的工作风格，坚持以人为本的服务理念，为提升上海的软实力和核心竞争力提供了有力支持。在产业发展方面，上海加强了顶层设计。从产业土地供给到产业发展举措，从五年规划到三年行动，从市级规划到区级规划，从空间布局到区域协同，上海事事有章可循、有规可依。人工智能作为创新的核心技术，其发展与应用都离不开海量数据，而对这些数据如何合理合法应用是一个新的课题。上海在营造健康发展环境的同时，也致力于培育有利于可持续创新的产业生态。在制定人工智能发展的蓝图并确立发展愿景后，上海关注人工智能产业的发展需求、行业技术标准体系、实验平台、示范试点、安全保障、国际合作等方面，完善行业发展基础规则规范。同时，上海还打造国家级人工智能产业孵化基地，推进人工智能标准化和关键技术试验验证平台建设，并积极合作推动国际人工智能产业联盟分支机构在上海的落户。

在服务企业方面，上海率先推出了创新的"一网通办"改革，彻底改造了业务流程，旨在实现"高效办成一件事"的目标。该改革对各部门内部流程以及跨部门、跨层级、跨区域协同办事流程进行了重构优化，并且推动了线上"随申办"移动端超级应用的建设和使用。根据公开数据显示，截至 2023 年 10 月，上海"一网通办"上线五周年之际，一网通办实名注册用户已有 8146 万，法人用户数达 339 万，累计办件超过 4 亿件，2023 年日均办件量超过 37 万，实际办件网办率 81.6%。正是在这样的服务精神推动下，上海目前已经聚集了众多人工智能龙头企业。光是在浦东地区，就拥有超过 600 家人工智能重点企业，其中 21 家已在科创板上市。据 2021 年的相关产业规模数据显示，上海人工智能产业规模已达 1300 多亿元。

二、劣势：创新研发能力不足、大数据供给不足

目前上海的人工智能产业主要集中在技术应用层面，即大数据分析、云计算应用、智能制造等，在更核心的算法改进层面只有少数几家企业参与，与国际水准相比存在一定差距。由于缺乏创新研发和战

略规划，上海具有国际竞争力的创新成果依然较少。此外，随着美国对华在人工智能领域技术封锁的持续加剧，在基础研究领域以及关键技术领域，中美在基础研究和人才培养领域的合作强度下降，将影响到我国人工智能领域的突破性创新和人才培养。上海的人工智能行业的创新与发展都势必会受到影响，产业发展的步伐可能会遭遇延迟。

人工智能的发展离不开大数据的支撑。通常大数据的来源主要有政府、互联网企业和公共事业单位，但这些企业无一不受到地域限制，政府由于政策法规、隐私保护等方面的限制，数据开放有限，而且地方政府能够开放的数据也仅是地方的数据，因此上海本地的企业能获取的数据也大多是上海市的数据。上海目前较为缺乏互联网龙头企业，没有企业能够掌握全国各地乃至全球用户数据，由此，上海消费端人工智能产业始终受到限制，无法利用自身消费端大数据的优势，建立消费端人工智能产业链。

三、机遇：长三角一体化、AI大模型蓬勃发展

上海作为中国对外开放的重要窗口，同时也是中国改革开放的先行者和先试者。科技创新中心的定位、自贸区的建设等重大举措需要上海的改革进一步深化。同时，上海也是长三角地区的领头羊。长三角三省一市共同签订的《长江三角地区一体化发展三年行动计划（2018—2020年）》中规划的长三角一体化在信息化方面的合作将弥补上海在人工智能产业发展中的一些短板，降低人工智能发展的成本。

近年来，以 GPT-4 为代表的大模型点燃了人工智能发展的浪潮，国内多家企业相继发布了大模型产品。AI 大模型的强力出圈，引爆了生成式人工智能（AIGC）时代的到来。据不完全统计，国内已有30 余个 AI 大模型发布，其中包括来自上海的多个代表作品。例如，复旦大学 MOSS 系统，是中国首个对话式大语言模型；商汤科技的日日新（SenseNova）；竹间智能的魔力写作；上海人工智能实验室发布的全球中期天气预报的大模型"风乌"；以及上海联通发布的算力网络医疗大模型"Uni—talk"等。这些产品充分展示了上海在人工智能领域的创新实力和发展成果。

四、挑战：项目投资周期变长、存在伦理和技术风险、各地人工智能产业竞争加剧、上海自身优势产业对人工智能产业的竞争

人工智能产业经过早期的高速发展，企业数量的增长速度逐渐趋于平缓。这种现象使得风险投资者越来越难以找到新的具有潜力的项目。由于新增企业数量稀少，投资者往往只能选择跟投一些项目。与此同时，人工智能项目投资的周期变得更加长，营收也变得更加困难。这种趋势导致了对风险融资的需求增加，项目的难度和风险也相应增加。

人工智能的伦理风险一直存在，并且可能直接影响到人工智能的应用前景。一旦人工智能的伦理风险给公共管理带来挑战，人工智能的持续发展就会受到质疑。目前，人工智能的技术风险尚无法从根本上解决。一旦出现人工智能伤害人类、信息泄露，或者威胁到人类日

常生活和生产安全的事件，公众对人工智能的接受度将成为人工智能产业发展的障碍。因此，解决人工智能的伦理和技术风险对于该行业的长期发展至关重要。

人工智能被视为我国重要的产业发展方向，各地纷纷出台相关政策予以支持，截至 2023 年底，全国范围内已经有 10 个城市提出了具体的人工智能产业发展政策。这些城市各具特色，比如人才和企业聚集地的北京，在科技创新、平台服务以及创新创业方面处于全国领先水平；还有大数据和资源丰富的江苏、浙江等省份，人工智能与传统行业的融合创新十分活跃；广东则以其较高的人工智能创新能力、完善的产业链，以及快速实现技术产业化的能力而著称。这些地区为人工智能企业提供了优惠的发展条件，形成了与上海在人工智能产业发展上的竞争。

相比之下，上海在人工智能算法、计算能力和数据等方面并没有绝对优势。与北京、广州、杭州等城市相比，上海缺乏差异化优势；与合肥、武汉等城市相比，上海缺乏成本优势。同时，上海也缺乏本地龙头企业，这可能导致上海的人工智能人才受到互联网或其他信息产业巨头企业的吸引而离开。

上海的人工智能产业发展还受到自身优势产业的竞争影响。上海的金融、银行保险、商务服务和支柱制造业等优势产业对人才具有更强的吸引力。由于上海的生活成本较高，相对而言，人工智能产业的工作难度高、变现周期长等特点使其吸引力相对不足。这些因素共同形成了上海在人工智能产业发展中面临的挑战和竞争压力。

第三节　关注并培育企业创新体系

在人工智能的发展过程中，企业已经成为行业创新的重要推动力量。充分释放企业创新活力，有助于培育开放的创新平台，进而赋能企业创新体系。

一、助力建立由大企业主导的创新探索体系

当前上海人工智能的市场应用转化率仍然较低，还有较大的上升空间，未来应从企业本身着手，助力企业形成创新探索体系，提高人工智能技术从发明到应用的产业转化率。

首先，以大企业为基础，促进智能化转型。将大型人工智能企业的成熟技术应用于已有的智能制造装备企业，推动具备实力的制造企业实现智能化转型。重点提升嵌入式系统和自动化能力，专注于推进"工业互联、数据互通、应用创新"的作用。

其次，借助大企业的行业影响力，推进标准化建设。大数据是人工智能的重要基础，是机器有效学习的基本信息源。目前我国制造业在不同层级、不同环节的信息系统之间存在软硬件接口、协议、数据结构复杂以及多种标准并存应用的问题，这导致了数据的互联互通难以实现。我们可以鼓励大企业主导，推动形成人工智能发展联盟组织，制定共同的行业标准，实现数据的互通共享，达成共赢。

最后，以大企业为平台，鼓励进行基础性前沿研究和开放性创新。人工智能技术能够赋能日常生产生活的各个方面，促进生产开发方式和组织管理模式的变革。注重多元化的信息集成，最终使得生产

组织模式更加扁平化、更加开放。因此，政府应当积极推进开源式共享平台建设，引导大企业积极主导，率先尝试基于人工智能发展基础和比较优势的开放式平台。

二、注重技术创新研究和人才培养

在人才培养方面，除了大力发展学校学科教育外，也应借助企业的力量，探索更多样化的培养模式，如"科学家＋工程师"模式。人工智能产业的发展不仅需要加强基础研发，还需要注重市场化的场景应用。因此，在教育体系中引入学生参与企业研发、技术应用创新等环节，以培养学生实际操作能力，使其成为具备"知识＋技术"综合能力的人才。此外，为了打通科研院所和企业之间的人才培养通道，应建立起人工智能产业的职业教育体系。通过企业与大学之间紧密合作的方式，储备满足人工智能产业需求的数据和算法人才。这种合作模式将为人才培养提供更广阔的发展空间，有助于推动人工智能产业的进一步发展。

在推动产学研合作的同时，应大力支持针对新技术、新模式的高端复合型人才的培养，与企业合作开展专业技术人才培训，让人工智能毕业生为人工智能企业所用，并最终能够成为行业的中坚力量。从就业角度而言，促进对人工智能的基础研发，有助于加速形成新型产业体系，有助于新型就业岗位的出现。

作为第四次工业革命的关键驱动力，人工智能将对现有产业体系产生广泛而深远的影响。在新一轮开放发展和产业变革背景下，上海建立人工智能引领新型产业体系，是提升城市能级和城市竞争力的关键一步，人工智能将成为上海打造全球城市、参与国际未来发展的关键竞争优势。

三、加速发展人工智能开放创新平台及其主导的产业创新生态

在建设具有全球竞争力的人工智能产业集群过程中，人工智能开放创新平台及其主导的产业创新生态是关键推动者。因此，政府应针对平台创新和平台建设出台更多支持性文件，帮助平台在基于自身业务和创新构建基础软硬件协同创新生态的同时，能够构建垂直业务软硬件协同创新生态，并推动人工智能和实体经济融合发展，实现基础研究、根技术创新和规模应用的良性循环和正反馈。

助力新型创新区的建设，创建开放高端的创新体系。借助研究型大学、科研机构和新型创新组织的研究能力，发挥其在基础研究和人才培养中的作用，关注研究型大学和科研机构的成果转移与转化。最终形成更为开放的产业创新系统。

继续推动场景创新探究，让人工智能无处不在。在科技部等六部门共同印发的《关于加快场景创新以人工智能高水平应用促进经济高质量发展的指导意见》中，场景创新意味着"以新技术的创造性应用为导向，以供需联动为路径，实现新技术迭代升级和产业快速增长的过程"。场景创新是人工智能技术发展和应用的综合体，是人工智能技术价值的具体体现，通过创新场景应用的不断拓展，人工智能技术才能真正用于提升全要素生产率，真正为社会发展服务。

专栏 扩博智能——对技术的重新思考开始于一次心底的触动

随着技术的不断进步，现实世界正在逐渐走向数字化，怎样用先进技术解决传统行业的难题成为许多人积极探索的目标。专精特新"小巨人"企业们在各行各业做着积极尝试，例如以芯片技术融入传统防伪行业的上海天臣；将停车场以及路网管理电子化、信息化的智能交通；还有本文的主角——将计算机视觉、无人机技术融入风机叶片巡检与传统零售行业的扩博智能。

计算机视觉是扩博智能实现物理世界数字化的重要工具，是人工智能技术重要的分支之一。2016年底，身在微软的严治庆走出传统互联网大厂，决心让技术为更多的人所用，发挥出更大的价值。扩博智能应运而生，而严治庆也从微软高管顺利转型为扩博智能（Clobotics）创始人兼CEO，带领团队深耕计算机视觉领域，与中科宇能、天津能源、盾安新能源、上海电气、双瑞、龙源电力、协和新能源、LM等全球企业建立了合作关系。

1. 以微薄之力 解传统行业痛点

一位年近花甲的老人，仅仅依靠绳索的保护，攀登上高高的风机顶端，在离地百米的高空，小心翼翼地拍摄风机叶片，寻找裂痕。这一幕屡屡被严治庆提及，也是推动他跨出创业之路的原动力，在他心底，用更好的技术去改变这种效率低下、危险性高的风机运维方式成为目标。

那一年严治庆还在跨国公司工作，有一次在出差的路上，一位老人在户外高高的风机叶片上检测工作的情景深深地触动了他。是不是可以有一种技术能对风电叶片进行自动检测？

严治庆认为，技术的进步最终的目标是为了服务于人。不久之后的 2016 年 10 月，严治庆就辞职创业了，扩博智能由此诞生。坚持着"通过自己的技术和产品能真正为传统行业去解决他最需要（解决）的问题"这一初心，扩博智能生产的第一个产品就是风机叶片全自动巡检特种飞行机器人。

在如今的风电行业当中，风机越做越大，有些风机的叶片尺寸已经到了 120 多米长。这么长的叶片高速旋转时，叶尖的速度可能会达到两百多公里每小时。在这样的速度下，叶片的损耗会非常之大。

严治庆坦承："那时候有创业的想法，会特别去关注行业的痛点到底在哪里。很多时候我们在大公司里面会觉得其实离最终客户的需求点还是有一定的鸿沟。这一定是需要有中小型企业或者是创业公司真正把这个鸿沟去填了。"因此，"在我们看到这个痛点的时候，觉得这当中一定是能通过更加好的技术载体去解决这样的问题，我们就在这一个小点上面切入下去。而我们那时第一个客户在天津，也给了我们这样的机会（去尝试）"。

最终，扩博智能的创新解决了风电行业风机叶片检修的三大痛点：第一是人工检查与维修的危险性。第二是风机叶片检修时需要停机，这将带来发电量的损耗。第三是传统的风机巡检报告由工人手动出具，缺乏长期数据的积累，无法建立稳定的检查维修周期。

通过持续寻找和打通行业痛点，自2018年起，公司不断拓展并积累风电以及零售领域的客户资源，客户结构持续优化。其中，风电领域的客户已经涵盖风电场、风机整机厂商、叶片制造商及风电维修服务商等领域的头部企业，如华能、三峡新能源、龙源电力、金风科技、GE、西门子等。

表4-3　扩博博云产品与传统风机叶片检测方式对比

	传统方式	扩博博云
所需人数	5人	1人
检查方式	技术人员爬上风塔进行检查	无人机飞行检查
识别方式	肉眼识别	计算机视觉智能识别
检查所需时间	6小时	25分钟
检查报告获取	人工编写保存	数据上传到微软智能云Azure平台保存和处理，智能生成报告

资料来源：第一财经研究院根据公开资料整理。

由以上对比可以看到，扩博博云能够有效提升风机叶片的运维效率，缩减人工成本，同时提升运维安全性；支持全生命周期管理，降低能耗。

除了风电行业以外，扩博还将实时性、便利性和准确性带至了传统零售领域，其零售客户涵盖了快消品公司、大型连锁超市及营销服务类公司等头部企业，例如中粮、可口可乐、宝洁、沃尔玛、尼尔森等。

2. 将技术做到极致　让其为更多人所用

一直在互联网大厂工作的严治庆认为，好的技术公司其技术未必天花乱坠，但它真正能解决端到端的问题。这体现在："第一，我们硬件的技术是怎么样把无人机用到极致，不管是路径规划，还是当中一步步通过激光雷达找到最优的点去做飞行。第二，就是在飞行过程中，每次看到叶片的缺陷，我要知道什么时候停顿，什么时候拍照。拍完照了以后，怎么样再一步步做叶片的追踪。作为一家公司，你在硬件、软件、图像识别、最终产品这整条线上面，都必须花非常大的代价去把这件事情做好。"

扩博博云系列产品类似的核心技术——计算机视觉和机器学习技术，还应用在其他场景中，扩博智能将零售场景内的产品布局与摆放情况转为可视化数据，为客户分析、追踪店内产品销售情况并优化商业决策，形成解决方案，优化定价、完善产品投放、促销等在内的市场策略，最终提升线下零售场景的运营效率。

与此同时，其自主研制的冰柜帮助无数小店业主进行数字化转型，这种冰柜结合了嵌入式边缘计算和人工智能物联网技术，利用神经网络与深度学习，实时获取冰柜内商品数据，帮助销售决策，最终实现小店效益升级。

严治庆表示："对一家 AI 公司来说，我一直觉得如果能把技术做到比较通用的状态的话，那我就应该去服务不同的领域。所以我们选择了两个非常不同的行业。虽说行业不同，但是它用到的硬件都是用摄像头去拍照，后面都是要去做识别。在我们的细分行业当中，就是应该不断地去探索，不断地去迭代，不断地去解决客户的痛点。"

3. 自成立伊始就是国际化公司　国内外两个市场同时发展

短短数年内，扩博智能在欧洲、北美、南美和东南亚市场获得了大量客户，其总部位于上海，在新加坡、加拿大都设有海外市场扩展中心，在美国西雅图设有副研发中心，海外员工占比超过 40%。

严治庆对此表示，"我们认为公司从成立第一天起就是一个国际化的公司。全球化是真正适合扩博的发展方向。"

在国内打磨技术，在国外获取更广阔的市场，是扩博海外发展的重要战略。"在中国的市场中，发展的机会非常之多，这里有全球最大的市场、最复杂的场景、最苛刻的客户、最激烈的竞争，可以把我们自己的产品打磨得非常之好。与此同时，中国的产品和技术其实在国外可以有更加高的利润。"严治庆认为："我们都是从国际化大公司里面走出来的，在语言、在交流，在我们基因上面都没有太大的问题。所以我们其实没有把自己看成是一个出海的公司。"

在海外展业的过程中，扩博智能通过收购当地企业的方式，吸纳当地员工、吸收海外风机维护先进的工作经验，获得当地实力强劲的上下游合作伙伴，推动国内业务落地。例如2020年，扩博智能收购了全球领先的风机叶片运营维护服务提供商帆图宁公司（全称"Finetune"）和艾罗迪恩·阿特赛特（全称"Aerodyne AtSite"）公司，加快自身在欧洲风电市场的渗透速度，并与帆图宁公司合作，开发风力叶片维修技术以及基于机器学习的风机 SCADA（Supervisory Control And Data Acquisition，即数据采集与监视控制系统）数据分析技术，并将其推向市场。与此同时，帆图宁公司的首席执行官伦纳特·格里默（Lennart Kuhlmeier）博士和首席技术官沃特·瑞吉特（Wout Ruijter）博士也加入扩博智能的全球风能研发团队，同时出任首席风力科学家的岗位，进一步融入扩博智能。

如今，扩博智能的风力发电产业运维技术在全球处于领先水平，已经在越南、缅甸、泰国、希腊、罗马尼亚、葡萄牙、意大利等不同地区，与不同规模的风电场达成合作，覆盖全球29个国家及地区，累计完成超80000次风机巡检，并创下最短巡检时间15分钟、单日陆上巡检记录31台、单日海上巡检记录18台等记录。

第五章
电子信息产业

电子信息产业被称为世界经济发展的"火车头",我国电子信息产业虽起步较晚,但发展迅速,已经成为全球电子信息产业不可或缺的重要部分。上海所在的长三角地区是我国电子信息产业发展的高地,这里产业集聚效应及基地优势地位日益明显,在全球产业布局中的影响力不断增强。

近年来,国际形势日益错综复杂,经济低迷和贸易保护主义等因素叠加,国际分工体系正在发生重构,给我国电子信息制造业发展带来一定的挑战。作为国内电子信息行业的领军城市,上海需利用自身较为完善的技术开发基础、多样化的人才支持和开放的市场环境积极应对挑战,跨越周期。

第一节　上海经济发展的重要动力

伴随着电子科学技术的发展和应用,电子信息产业迅速发展,已经成为国民经济的战略性、基础性和先导性支柱产业。依据《电子信息产业行业分类注释（2005—2006）》，电子信息产业包括雷达工业行业、通信设备工业行业、广播电视设备工业行业、电子计算机工业行业、软件产业、家用视听设备工业行业、电子测量仪器工业行业、电子工业专用设备工业行业、电子元件工业行业、电子器件工业行业、电子信息机电产品工业行业、电子信息产品专用材料工业行业，共计12个行业，包括46个门类。

2022年受新冠疫情持续、政经局势深刻复杂变化、消费电子市场表现低迷等因素影响，全球电子信息产业增速较上年有所下降，全年电子信息制造业规模达到76658.7亿美元，增速降至5.0%。但从国内来看，随着中国稳经济大盘政策效应释放，电子信息制造业、软件和信息服务业实现稳定增长，规模分别达到15.4万亿元和10.8万亿元，分别同比增长5.5%和11.2%。

一、区域产业集群推动着我国电子信息产业的发展

我国电子产业发展的黄金时期始于2007年，并一直持续至今，已经成为全球电子信息产业不可或缺的重要部分。

表5-1　国家电子信息产业相关政策汇总

时间	名称	颁布机构	主 要 内 容
2015年5月	《中国制造2025》	国务院	加快推动新一代信息技术与制造技术融合发展，把智能制造作为两化深度融合的主攻方向；着力发展智能装备和智能产品，推进生产过程智能化，培育新型生产方式，全面提升企业研发、生产、管理和服务的智能化水平，形成关键制造装备供货能力

（续表）

时间	名　称	颁布机构	主　要　内　容
2016 年 7 月	《国家信息化发展战略纲要》	中共中央办公厅、国务院办公厅	到 2025 年，新一代信息通信技术得到及时应用，固定宽带家庭普及率接近国际先进水平，建成国际领先的移动通信网络，实现宽带网络无缝覆盖。信息消费总额达到 12 万亿元，电子商务交易规模达到 67 万亿元。根本改变核心关键技术受制于人的局面，形成安全可控的信息技术产业体系。到本世纪中叶，信息化全面支撑富强民主文明和谐的社会主义现代化国家建设，网络强国地位日益巩固，在引领全球信息化发展方面有更大作为
2016 年 11 月	《"十三五"国家战略性新兴产业发展规划》	国务院	进一步发展壮大新一代信息技术、高端装备等战略性新兴产业；着力提高智能制造核心装备与部件的性能和质量，打造智能制造体系，强化基础支撑，积极开展示范应用，形成若干国际知名品牌，推动智能制造装备迈上新台阶
2016 年 12 月	《"十三五"信息产业发展指南》	工信部、国家发改委	2020 年，电子信息制造业主营业务收入目标为 14.7 万亿元。确定了集成电路、基础电子、基础软件和工业软件、关键应用软件和行业解决方案、智能硬件和应用电子、计算机与通信设备、大数据、云计算、物联网 9 个领域的发展重点，研究部署了 7 个重大工程，明确了相关保障措施
2018 年 11 月	《战略性新兴产业分类（2018）》	国家统计局	将电子核心产业中的电子元器件与机电组件设备制造、高端装备制造产业中的智能制造装备列为战略性新兴产业
2019 年 11 月	《产业结构调整指导目录（2019年）》	国家发改委	将"新型电子元器件（片式元器件、频率元器件、混合集成电路、电力电子器件、光电子器件、敏感元器件及传感器、新型机电元件、高密度印刷电路板和柔性电路板等）制造"列为鼓励类

（续表）

时间	名　称	颁布机构	主　要　内　容
2020 年 7 月	《新时期促进集成电路产业和软件产业高质量发展的若干政策》	国务院	进一步优化集成电路产业和软件产业发展环境，深化产业国际合作，提升产业创新能力和发展质量。推动集成电路、软件和信息技术服务出口，大力发展国际服务外包业务，支持企业建立境外营销网络。商务部会同相关部门与重点国家和地区建立长效合作机制，采取综合措施为企业拓展新兴市场创造条件
2021 年 1 月	《基础电子元器件产业发展行动计划（2021—2023 年）》	工信部	到 2023 年，电子元器件销售总额达到 21000 亿元，充分满足信息技术市场规模需求。鼓励龙头企业面向行业开放共享业务系统，带动产业链上下游企业开展协同设计和协同供应链管理。加强公共平台建设，围绕电子元器件各领域开展产品检测分析、评级、可靠性、应用验证等服务，为电子系统整机设计、物料选型提供依据
2021 年 3 月	《中华人民共和国国民经济和社会发展第十四个五年规划和 2035 年远景目标纲要》	国务院	坚持创新在我国现代化建设全局中的核心地位……加快发展现代产业体系，巩固壮大实体经济根基，并将高端智能制造与机器人技术在内多个领域视为制造业核心竞争力提升的关键
2021 年 4 月	《“十四五”智能制造发展规划》（征求意见稿）	工信部	确定智能制造业发展愿景，到 2025 年，智能制造装备和工业软件技术水平和市场竞争力显著提升，国内市场满足率分别超过 70% 和 50%
2022 年 12 月	《扩大内需战略规划纲要（2022—2035 年）》	中共中央、国务院	坚定实施扩大内需战略、培育完整内需体系，加快构建以国内大循环为主体、国内国际双循环相互促进的新发展格局。纲要还提出加快信息基础设施建设、壮大信息技术产业、保障供应链安全等

（续表）

时间	名　称	颁布机构	主　要　内　容
2023 年 8 月	《电子信息制造业 2023—2024 年稳增长行动方案》	工信部	2023—2024 年计算机、通信和其他电子设备制造业增加值平均增速 5% 左右，电子信息制造业规模以上企业营业收入突破 24 万亿元。2024 年，我国手机市场 5G 手机出货量占比超过 85%，75 英寸及以上彩色电视机市场份额超过 25%，太阳能电池产量超过 450 吉瓦，高端产品供给能力进一步提升，新增长点不断涌现；产业结构持续优化，产业集群建设不断推进，形成上下游贯通发展、协同互促的良好局面

资料来源：第一财经研究院根据公开资料整理。

经过数年的发展，我国电子信息行业发展取得了突出的成绩，据工信部数据显示，2012 年到 2021 年，我国电子信息制造业增加值年均增速达 11.6%，营业收入从 7 万亿元增长至 14.1 万亿元。软件和信息技术服务业业务收入从 2.5 万亿元增长至 9.5 万亿元，年均增速达 16%。据中国电子信息行业联合会公布数据显示，2024 年以来，我国电子信息行业总体企稳回升，2024 年上半年，我国规模以上电子信息制造业增加值同比增长 13.3%，增速超过全国工业平均水平 7.3 个百分点；同期规模以上电子信息制造业营业收入达到 73652 亿元，同比增长 8.0%。

目前，我国已形成了以 9 个国家级信息产业基地、40 个国家电子信息产业园为主体的区域产业集群。在长江三角洲、珠江三角洲和环渤海三大区域，劳动力、销售收入、工业增加值和利润占全行业比重均已超过 80%，产业集聚效应及基地优势地位日益明显，在全球产业布局中的影响力不断增强。

二、上海电子信息产业有韧性、创新能力强

一直以来，电子信息产业始终是上海经济发展的重要动力。在"十三五"期间，上海全面落实国家战略，有力克服外部形势复杂多变、全球经济增长放缓等多重压力，坚持创新驱动、高端引领、融合赋能，着力提升电子信息制造业水平能级和产业链韧性，着力促进软件和信息服务业高端化、智能化、平台化发展，上海电子信息产业整体发展的综合实力不断增强，主要体现在以下五点：

第一，产业规模持续扩大。近年来，上海全面推进电子信息产业统筹布局、项目落地、动能转换，产业规模进一步壮大。2023年上海市统计年鉴显示，2022年上海市电子及通信设备制造业实现营业收入4677.19亿元，连续两年上升，利润269.28亿元，较2021年增加53.88亿元。

第二，创新能力显著提升。聚焦产业创新策源能力培育，集成电路、智能传感器两个国家级制造业创新中心落户上海，部分领域形成国际竞争力。关键技术和装备方面，12英寸大硅片、CPU、5G芯片等技术产品打破垄断，有机发光显示技术、新能源与智能网联汽车关键技术等完善技术布局、形成特色优势。软件和信息服务方面，创新基础软件产品形成体系，钢铁冶金等领域工业软件、多领域行业软件发展领先全国，打造了一批网络安全创新应用标杆。

第三，在线新经济蓬勃发展。把握城市数字化转型要求和疫情期间剧增的线上服务需求，发力在线新经济建设，创新业态模式加速新一代信息技术与金融、文娱、生活服务等领域跨界融合，聚焦培育领军企业，全力打响新生代互联网经济品牌，线上线下融合服务发展

水平领先全国，国内市场占有率表现突出，其中第三方支付超 50%、本地生活服务领域超 70%、网络文学领域超 90%。

第四，产业载体加快布局。高品质特色产业园区建设引导企业集聚发展、加速壮大。电子信息制造领域，布局建设张江上海集成电路设计产业园、嘉定上海智能传感器产业园、临港国家级集成电路综合性产业基地，金桥、徐汇滨江、漕河泾、G60 科创走廊、金山等区域集聚发展 5G、人工智能、云计算、物联网、新型显示等产业；软件和信息服务领域，品牌软件信息园加快建设提升，在线新经济生态园启动建设，市级信息服务产业基地扩至 35 家。

第五，产业环境不断优化。制定实施软件和集成电路、超高清视频、5G、在线新经济、人才引育等一批产业政策，从税收、投融资、技术研发、应用推广等方面有力支持中小及高成长型领军企业成长。实施引领性人才工程，推进技能人才多元评价，高层次人才队伍不断壮大。在企业注册、项目审批、沟通服务等方面开展改革试点、创新工作机制，营造高效率、有温度的营商环境。

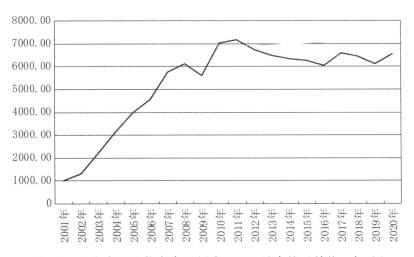

图 5-1　上海市电子信息产品制造业工业总产值（单位：亿元）

数据来源：上海市统计局，Wind。

为支持电子信息产业的进一步发展，2021 年 7 月 14 日，上海在《上海市先进制造业发展"十四五"规划》中明确将电子信息列为六大重点产业之一，旨在推动上海市电子信息产业向着更加高端、智能化、可持续发展的方向迈进。其中，电子信息产业集群重点领域包括下一代通信设备、新型显示及超高清视频、物联网及智能传感、智能终端及软件和信息服务五大方面。具体规划要求见下表：

表 5-2 上海市电子信息产业集群重点领域相关规划

下一代通信设备	以研发创新、提升规模为重点，突破 5G 基带、射频和系统级芯片（SoC），加快推进通信芯片、模组、终端、元器件和网络、测试设备、自主网络系统产业化；加大 5G 通信模组、光通信、量子通信和卫星通信等下一代移动通信技术的集成应用研发及产业化力度，促进 5G 与低轨卫星通信、Wi-Fi6 产品的融合发展；加大城市智能感知终端和网络布局力度，提升基于云边端协同的数据中台、智能网关、智能终端的产品供给和系统集成保障能力；支持 5G 通信设备企业参与国际标准制定、技术研发和规模化测试。到 2025 年，形成具有全球影响力的通讯研发制造高地，产业规模达到 2000 亿元
新型显示及超高清视频	以联动发展、加大供给为重点，持续扩大中小尺寸显示屏产能，提升面板制造技术水平，推进折叠、卷曲等柔性显示屏的研发和产业化，拓展有机发光显示（AM-OLED）在车载显示屏、笔记本显示屏、智能硬件等领域的应用；推进面向超高清视频的芯片、音视频处理技术、播控设备以及内容技术的研发创新，提升网络传输承载能力，丰富超高清视频内容供给。到 2025 年，建设成为国内领先的超高清显示集聚区和"5G+8K"应用示范区，新型显示产业规模达到 700 亿元
物联网及智能传感	以突破技术、加快应用为重点，推动物联网与制造业等领域融合应用，重点支持无线射频识别（RFID）、近距离无线通信（NFC）等感知技术发展，推动智能传感器可靠性设计与试验、模拟仿真、信号处理等关键技术攻关，突破硅基 MEMS 加工技术、MEMS 与互补金属氧化物半导体（CMOS）集成、非硅模块化集成等工艺技术；推进在消费电子、汽车电子、工业控制、健康医疗等领域的规模化应用，提升国家智能传感器制造业创新中心公共服务能力，加快建设上海智能传感器产业园。到 2025 年，打造成为全国智能传感器产业高地，产业规模达到 800 亿元

（续表）

智能终端	以提升价值、品牌建设为重点，聚焦智能手机、平板电脑、计算机、嵌入式智能系统等终端产品，推动终端制造企业提升研发设计能力，加强产品形态、功能以及商业模式创新，形成贴近用户个性化需求的新型智能终端；支持有条件的制造企业通过联合、并购等方式整合产业链、供应链，探索打造具有市场竞争力的自主品牌，提升智能终端能级规模。到2025年，努力构建完整的智能终端产业链，打造成为全国智能终端产业研发和制造高地
软件和信息服务	以做强做优、融合育新为重点，加强基础软件、工业软件、行业应用软件、信息安全软件以及新兴软件等领域的自主创新。围绕具有自主知识产权的操作系统、数据库、中间件等基础软件，提升应用软件研发水平；加快推进工业控制基础软件平台、控制系统集成、智能监测监控等工业软件关键技术的研发和产业化应用，提升制造业工业软件综合集成应用能力；研发一批关键网络信息安全产品与系统解决方案，推动网络信息安全技术产业化；推动远程办公、在线文娱、生鲜电商零售等在线新经济发展，打造新生代互联网企业集群。到2025年，软件和信息服务业处于国内外领先水平，涌现一批新业态、新模式，实现营业收入超过1.5万亿元

资料来源：《上海市先进制造业发展"十四五"规划》，第一财经研究院整理。

2021年12月30日，上海市经信委印发《上海市电子信息产业发展"十四五"规划》（以下简称《电子信息产业规划》），以及电子信息制造业、软件和信息服务业两个专项规划。

《电子信息产业规划》提出了上海电子信息产业在"十四五"期间的发展目标，旨在与长三角各地产业实现协同发展。预计到2025年，上海将初步建成具有全球影响力和竞争力的世界级电子信息产业集群。届时，上海电子信息产业规模预计将超过2.2万亿元，其中软件和信息服务业收入预计将超过1.5万亿元。同时，预计该产业将基本具备自主发展能力，其技术创新策源能力和话语权将明显提升，成为参与国际竞争与合作的重要力量。此外，规划还设定了具体的产业发展指标：预计将有 35 家年收入超过百亿元的龙头企业，50 家具有自主创新能力、技术国内领先的创新型制造企业，以及 330 家上市软件和信息服务企业。这些举措将显著增强产业链的稳定性和韧性。同时，预计将持续涌现新的业态和模式，进一步推动电子信息产业对上海城市数字化转型和高质量发展的支撑赋能作用。这一规划旨在确保上海电子信息产业在未来 5 年内取得显著的发展成就，并为上海市乃至整个长三角地区的经济增长和科技进步作出重要贡献。

同时，《电子信息产业规划》将电子信息制造、软件和信息服务、前沿新兴领域列为三大重点领域，并分别作出了规划部署。

表 5-3　电子信息制造业专项规划对子行业确定的具体发展目标

电子信息制造业	
发展思路	强化创新策源，坚持高端引领，推动规模发展。以自主创新为主线，增强关键核心技术、重要装备材料研发和应用推广能力；着力打造技术先进、安全可靠、自主可控的电子信息制造全产业链，提升产业链、供应链现代化水平；大力发展电子信息终端产品，加快行业应用，提升"上海制造"品牌价值
发展目标	到 2025 年，初步建成具有全球影响力和竞争力的电子信息制造高端产业集群。稳步增强产业基础能力，基本形成相对完备的产业生态体系。技术创新策源能力、技术话语权明显提升，对传统产业转型升级、新旧动能转换的支撑引领作用进一步加强
产业结构	到 2025 年，上海电子信息制造业结构持续优化。集成电路、下一代通信设备、新型显示、汽车电子等领域力争达到国内领先国际先进水平。智能终端、物联网、智能传感器、超高清视频、智慧健康养老等领域规模持续扩大
产业规模	到 2025 年，上海电子信息产品制造业工业总产值占全市工业总产值比重保持基本稳定
企业培育	到 2025 年，打造 15 家年收入超百亿元的龙头企业，培育 50 家具有自主创新能力、技术在国内具有领先优势的创新型企业，形成能够整合全球资源及全面参与国际竞争的电子信息制造业集群

（续表）

	电子信息制造业
发展重点	"一核三基四前五端"产业体系：围绕国家战略方向，重点发展集成电路核心先导领域，优先发展三个基础支撑领域，大力发展五个终端创新领域，前瞻布局四个前沿探索领域
空间布局	以产业链为纽带，以特色产业园区为载体，形成"一带两区三园多点"产业空间布局，积极加强长三角地区产业联动发展，推动企业在国内投资布局及跨境发展，发挥上海电子信息制造业的辐射作用

资料来源：《电子信息产业规划》，第一财经研究院整理。

表 5-4　软件和信息服务业专项规划对子行业确定的具体发展目标

	软件和信息服务业
发展思路	以习近平新时代中国特色社会主义思想为指导，顺应新一轮科技革命和产业变革发展浪潮，赋能城市数字化转型，以软件、信息服务、网络安全为引领，持续培育产业发展新动能，使软件和信息服务业成为引领上海数字经济发展的新引擎
发展目标	到"十四五"末，上海软件和信息服务业处于国内外先进水平，国际竞争力不断提升，关键核心技术实现重要突破，新业态、新模式持续涌现，信息技术与传统产业融合程度不断加深
产业规模	经营收入超过 15000 亿元，年均增长高于上海市服务业平均水平，增加值占上海市生产总值的比重达到 8%，其中软件业营收达 7700 亿元，信息服务业营收达 7000 亿元，网络安全营收超 300 亿元
产业创新	软件累计研发投入超 4500 亿元，年均投入占软件业营收的比重超 10%，年均增长约 10%。规上企业研发人员占比超过 50%
企业发展	重点软件企业数量达到 20 家，年经营收入超亿元的企业超过 1000 家，其中超 100 亿元企业 20 家。上市软件和信息服务业企业超过 330 家
人才建设	从业人员数量达到 120 万人。规上企业从业人员中拥有大专及本科学历者占比超过 80%，其中拥有硕士及以上学历者占比超过 20%
产业布局	产业空间分布合理、错位发展、功能互补，建设并优化 35 个信息服务产业基地总布局，基地连锁品牌数量达到 5 个

资料来源：《电子信息产业规划》，第一财经研究院整理。

2023年6月15日，上海市印发《上海市推动制造业高质量发展三年行动计划（2023—2025年）》的通知。其中提出，到2025年，"2＋（3＋6）+（4＋5）"[1]现代化产业体系不断夯实，工业增加值超过1.3万亿元，占地区生产总值比重达25%以上，工业投资年均增长5%，制造业支撑全市经济发展的功能地位显著增强。电子信息产业是该通知中明确提出的打造4个万亿级产业集群之一，通知要求，提升电子信息产业能级，建设新型显示、智能传感器等领域重大项目和创新平台。

第二节　产业向中高端价值链发展

上海电子信息产业拥有较强的自主创新能力，同时产业链布局较为合理，产业链较为完整，但在全球科技竞争日益白热化的当下，仍存在薄弱环节，未来应协调创新体系，继续助推整体产业向中高端产业链攀升。

一、优势：国产自主能力较强、产业人才聚集、产业链较为完整

拥有较强的自主创新能力。自美国对华加征关税以来，全球集成电路供应链面临严重挑战。在中国电子信息产业快速发展和市场需求

---

[1]　"2"即传统产业实现数字化、绿色生态两大转型；"3＋6"即三大先导产业和六大重点产业；"4＋5"即四大新赛道产业和五大未来产业方向。参见《"2＋3＋6＋4＋5"：龚正详解上海产业密码》，载上观新闻网，2023年1月15日。

不断扩大的背景下，上海集成电路行业加快自主创新步伐，不断突破关键技术，创新能力显著提升。同时，为促进企业发展，上海成立产业发展专项基金，鼓励企业加大研发投入，引导产业升级。在此背景下，尽管上海电子信息产品进口量减少，但由于本土研发能力的提升和供应链水平的提高，上海逐渐实现了产品质量的大幅提升。据上海社会科学院研究显示，2021年，电子信息产业已成为上海重要产业国际竞争力提升的主要动力之一，与新能源汽车、智能制造两大产业共同贡献了超过75%的国际竞争力。

上海拥有多所高等院校，吸引了大量电子信息产业高端人才。据2023年上海统计年鉴显示，截至2022年底，软件与信息服务业资产总规模达到12551.21亿元，全行业从业人员达到72.26万人，规模以上企业超过2200家，占全市服务业比重超过10%。同时，上海建立了丰富的公共服务平台和中介组织，充分利用社会技术资源。例如，已建有市级创新公共服务平台，如上海研发公共服务平台、上海高新技术成果转化服务中心等。针对具体产业领域，还建立了上海集成电路研发中心、上海华岭集成电路测试平台等。此外，还成立了各细分领域的行业协会，致力于促进相关企业的发展。

科学的产业布局，行业产业链相对较为完整。在电子信息产业集群中，5G行业呈现出"5＋5"空间布局，新型显示行业呈现出"1＋X"空间布局，软件和信息服务业呈现出"1＋3＋4"空间布局；而在汽车产业集群中，新能源智能汽车表现出"1＋2＋X"空间布局；先进材料产业集群中，先进材料展现出"2＋3＋X"空间布局（具体布局见图5-2）。借助产业园区作为载体，上海的电子信息制造业企业在这些园区内集中布局、汇聚发展，形成了较为完整的产业链。例如，张江高科技园区、漕河泾新兴技术开发区、松江工业园区、莘庄工业区、嘉定园区和金桥出口加工区等，其中，张江高科技园区和嘉定园区已经形成了在 IC 产业和汽车电子产业等领域具有国内领先地位的规模和技术，集聚效应和产业集群优势逐渐凸显，产业链愈加完整；而上海集成电路设计产业园则推动相关企业高水平集聚，打造国际上的集成电路设计产业高地。

5G "5+5" 空间布局			
5	浦东金桥	5G产业集聚区	5G 系统设备
	徐汇漕河泾	5G产业集聚区	5G 智能终端
	浦东张江	5G产业集聚区	5G 芯片
	松江 G60 科创走廊	5G产业集聚区	5G 测试设备
	青浦华为园区	5G产业集聚区	芯片和终端
5	虹口区	5G示范区	5G 综合应用先导示范区
	浦东新区	5G示范区	5G 产业创新示范区
	崇明区	5G示范区	5G+ 人居生态示范区
	徐汇区	5G示范区	5G 融合应用创新示范区
	普陀区	5G示范区	5G+ 工控安全创新应用示范区

新型显示 "1+X" 空间布局			
1	金山区	上海新型显示产业园	新型显示全产业链
X	浦东新区	张江	新型显示制造、研发设计、设备
	闵行区	莘庄工业区	新型显示制造
	宝山区	环上大科技园	新型显示材料
	上海化工区	上海电子化学品专区	新型显示材料

软件和信息服务业 "1+3+4" 空间布局			
1	中心城区	互联网信息服务、人工智能软件、电子商务、基础软件	
3	杨浦区	长阳秀带	在线文娱、智慧消费、智慧交通
	浦东新区	张江在线	未来出行、硬核科技
	长宁区	"虹桥之源" 在线新经济生态园	在线新经济
4	青浦区	市西软件信息园	工业软件、物联网、信息服务
	静安区	市北高新区	基础软件、大数据、云计算
	浦东新区	浦东软件园	移动互联网、行业应用软件、金融信息服务
	闵行区	紫竹高新区	网络试听、数字内容

新能源智能汽车"1+2+X"空间布局			
1	嘉定区	国际汽车城、外冈工业园区	汽车研发、制造、检测、销售、金融、展示、文旅、应用示范、燃料电池汽车
2	浦东新区	金桥经济技术开发区	汽车研发、制造及销售
		临港新片区	汽车制造、销售和应用示范、氢能
X	松江区	松江经济技术开发区	新能源乘用车、商用车
	闵行区	莘庄工业区	新能源商用车
		宁德时代上海技术创新产业园	新能源技术攻关与创新应用
	青浦区	西虹桥商务区	汽车研发及运营总部、氢能和燃料电池
			汽车商业运营
	奉贤区	新能源汽车零部件产业园	新能源汽车零部件

先进材料"2+3+X"空间布局			
2	上海化工区	上海化工区为核心的杭州湾北岸	化工新材料
	宝山区	宝山特种金属材料基地	先进金属材料
3	金山区	碳谷绿湾特色园区（金山二工区）	碳纤维及其复合材料
	宝山区	超能新材料特色园区（宝山城工园）	前沿新材料
	奉贤区	奉贤化工新材料特色园区（杭州湾经济技术开发区）	电子化学品
	奉贤区	电子化学品专区（上海化工区内）	电子化学品
X	松江区	先进有色金属材料、先进高分子材料	
	浦东新区	先进高分子材料、轻量化材料	
	嘉定区	先进有色金属材料、先进高分子材料、先进无机非金属材料	
	闵行区	先进高分子材料、先进无机非金属材料	
	奉贤区	先进高分子材料、高性能纤维及其复合材料、先进无机非金属材料、电子化学品	
	青浦区	先进高分子材料	

图 5-2　规划布局详情

资料来源：《上海产业地图 2022》。

二、劣势：发达国家打压和压制、供应链安全度不够

在中美贸易频繁摩擦的背景下，上海集中资源，解决了一批技术问题，如微电机系统传感器、石墨烯等基础产品纷纷打破了国外垄断。但总体来看，发达国家对我国高新技术领域依然存在打压和压制，这会影响我国电子信息制造业向中高端价值链攀升，尤其是上海电子信息制造业大多为中高端细分领域，受其影响更为显著。目前我

国电子信息制造业新兴领域创新与国际先进水平仍然存在落差，需要产业方、行业企业与政府监管部门共同合力，凝成协同创新体系，提振创新势能，聚力打造差异化竞争体系。

供应链安全度不够。当前，国际形势日益错综复杂，经济低迷和贸易保护主义等因素叠加，国际分工体系正在发生重塑，这导致我国产业链逐步向外转移、分流，给我国电子信息制造业发展带来了一定的挑战。对于上海而言，除了面临产业外迁的挑战，还需应对产业转移至国内其他成本更低、政策扶持更大的省份的情况。随着各省市加大对前沿技术和未来产业的布局，未来的竞争将变得更加激烈。此外，受疫情影响，全球经济虽有所复苏，但仍然偏弱，全球消费疲软，这进一步增加了全球经济发展前景的不确定性，影响了电子信息产业的投资和消费活力，市场发展动力不足。

三、机遇：向中高端价值链发展、高技术含量产品需求旺盛

外部环境仍然错综复杂，一些发达国家对我国高技术领域频繁实施打压和封锁，这将迫使我国电子信息制造业加快自主创新步伐，向中高端价值链迈进。作为国内电子信息行业的领军城市，上海拥有较为完善的技术开发基础、多样化的人才支持和开放的市场环境。在产业升级和解决关键技术难题方面，上海具有天然的优势，能够充分利用这一机遇。上海可以在关键材料、高端装备等基础领域迎头赶上发达国家的跨国企业，填补关键技术空白，推动产业基础升级和产业链现代化。

虽然近年来全球整体消费需求减弱，但以 5G 网络、高端电子设

备、汽车电子等为代表的拥有更高技术含量的电子信息产品需求更为旺盛，上游芯片和元器件产业由此被拉动；同时，我国正大力建设智慧城市、智慧交通，在此过程中，基础设施与电子信息技术融合在一起，推动传统企业数字化改造，以上海智能交通为代表的一批耕耘于上海智慧城市的企业将有更多机会走向全国，将上海的先进经验复制推广至全国。

四、挑战：关键元器件生产存在薄弱点

虽然近年来上海电子信息制造业实力显著提升，但在芯片设计、关键元器件生产等环节仍存在薄弱点。目前已经形成若干具有代表性的龙头企业，但这些企业在技术创新能力、科研投入、经营效益等方面，与欧、美、日等发达国家的跨国企业还存在较大差距，对相关产业的带动作用依然有限。

第三节　固链、稳链　培育新动能

电子信息产业的发展应关注创新推动，将产业链向中高端延伸，同时，培育一批"链主"企业，促进不同企业之间的融通发展。

一、坚持创新驱动战略

电子信息产业国际竞争日趋激烈，欧盟、日本、韩国都纷纷出台

数字工业支撑计划，其中欧盟计划投入 1300 亿欧元聚焦发展芯片制造和人工智能等领域，韩国计划投资约 4500 亿美元，将韩国建设成全球最大的半导体制造基地，这都将对未来的全球信息技术创新与产业链合作带来巨大影响。上海电子信息产业作为我国的相关产业的排头兵，虽经历迅速发展，但仍需要出台更多扶植政策，坚持以创新为驱动，发挥政府、高校及企业的创新效能，提升创新效率，并将创新融入产业应用，使其发挥作用。

二、针对产业链安全采取专项措施

补齐国内产业链循环中的短板，实现产业链循环畅通。寻找和挖掘在细分领域中的优质企业，让它们在产业链、供应链中发挥更重要作用。培育一批具有全球竞争力的世界一流企业和一批具有生态主导力的产业链"链主"企业，在产业链重要节点形成更多专精特新"小巨人"企业和单项冠军企业，促进大中小企业融通发展。加快建设市场化、法治化、国际化、便利化的营商环境，增强外资企业在华投资运营的信心。

三、加快培育新动能

进一步推进物联网、自动驾驶、工业机器人、云计算、人工智能等新兴产业发展，推动智慧城市、智慧交通等一系列电子信息技术的推广融入与应用，带动相关产业迅速发展。围绕新兴产业和传统支柱产业，培育一批全国乃至世界知名的相关品牌。

四、重建和改造人才培养机制，从根本上解决人才问题

对人才培养体系重新规划与建设，分层次培养人才。既要满足产业发展的需要，又要培育更多创新力量，让在相关领域的基础理论方面有建树的院校在人才培养方面拥有更多的自由度。一方面，提升职业高等教育定位，引导社会正面看待职业教育，改善职业技术工人待遇、增强回馈机制。另一方面，建立特殊人才培育机制，帮助有特长的高新人才迅速成长并为企业所用，增强对人才创新的容错能力，鼓励人才多方向多样发展，推动和鼓励基层创新工作的开展。此外，还可以建立学校与企业的合作桥梁，引入企业导师，对相关专业学生进行实操指导，以此来实现人才面向市场的速成，压缩人才离开院校才开始实操学习的时间成本。

专栏　派拉软件——在"零信任"场景构建数字安全

电子信息领域的细分行业纷繁错落，既包括集成电路、物联网、智能终端等制造领域，也包括软件和信息服务、工业互联网等服务领域。但无论是哪个领域，安全可靠始终是整个行业发展的基石。信息安全细分领域是为整个行业保驾护航的卫士，派拉软件便是其中重要的一分子。

1. 电子信息领域中存在的安全问题

近年来，随着互联网技术的广泛应用，企业数字化转

型进入了加速期，但在信息技术赋能各行各业的同时，信息安全问题也随之为人们所关注。《数据安全法》《网络安全产业高质量发展三年行动计划（2021—2023年）》等重要政策文件密集出台，从普通企业到国家机关，都日益重视自身的信息安全问题。由此，国内一大批优秀的信息安全企业如雨后春笋般涌现。据赛迪智库的统计数据显示，2020年，我国从事网络安全相关业务的企业数量超过了3000家，涵盖网络安全的产品设备、安全服务、安全软件、安全集成等网络安全的各个环节，产业链上下游协同效应进一步增强。

关于信息安全，派拉软件有着自己的理解，"以往的信息安全，它的防御思想是基于边界的，就像城堡一样，我们在城堡的出入口放置很多信息安全防护的设备，今天我们看到的大部分的中国信息安全上市公司，都是遵循边界防御的思想，把数据信息保护起来，在这种思想下，系统默认的一个假设是外部是充满风险的，而城堡内部是低风险的，但是在数字化的发展过程当中，尤其是云计算、移动互联技术迅速发展，万物互联的场景下，其实城堡的内外部并没有严格的区分，那么这种情况下，基于边界的防护会逐渐失去它的效用，会产生很多的类似于钓鱼或者勒索病毒，带来新的安全威胁"。派拉软件创始人谭翔如是表示。

零信任安全是重要的先进网络安全防御理念和体系架构创新，也是派拉软件积极遵循的创新理念。谭翔认为，零信任身份治理是当前网络边界日趋模糊背景下的必然产物，它打破传统边界的信任思维，强调要在授权前对任何试图访问的人、事、物进行全面的身份验证，以身份为核心，构建动态的、更加完善的网络安全新边界。

"零信任对于内外部来讲，都认为是不信任的，因此，在需要访问资源的时候，都必须要通过认证。那么在这个过程当中，它还需要做持续化的认证，与我们走进一个工业园区大门以后，你去哪一栋楼去哪一个房间保安就不管了不同，零信任会持续跟踪访问者是不是做了正确的事情，是不是得到了授权，他会有实时监控的能力在里面。"

同时，派拉软件认为，零信任是一个体系，应该利用一体化的思路去解决整个的访问路径的安全问题，包括设备终端、网络管道、云计算中心，以及上面所承载的业务和数据，这一过程不是某个孤立的产品能够去解决的，要形成一个完整的解决方案才能够真正地去保护业务和数据的安全。

历经过去的十多年兢兢业业的耕耘，派拉软件以技术为立身之本，从身份安全到一体化零信任安全，以身份为核心，搭建企业转型的脚手架，帮助企业构建数字化安全的底座，高效落地数字化转型与业务创新。经过十多年的努力，如今的派拉软件已经形成由六百多位行业专家构成的技术团队，为全球范围超过两千家企业和机构提供服务。

2. 专精特新"小巨人"：技术为本

零信任理念在信息安全赛道中并不是一个新鲜的词汇，至今已有十余年的发展历史，但跑在赛道中的是诸多海外基础研究能力较强的电子信息头部企业，比如 IBM、思科、Verizon 等，国内企业大多处于早期摸索阶段，围绕着零信任做产品开发及生态搭建。在 IBM 中国软件开发实验室担任团队负责人的谭翔于 2008 年离开老东家，他从身份认证为起点，开始耕耘信息安全领域，在他的带领下，派拉是国内最早从事身份安全研发和落地的原厂商。科学家出身的创始人们也带领派拉软件实现 100% 自主研发，对自身产品拥有完全的知识产权。

派拉软件将零信任、持续自适应、微隔离等信息安全前沿技术导入产品的研发与实践中，并融合微服务架构、AI 算法、区块链、物联网、大数据等信息技术，为企业提供全场景数字身份治理解决方案，覆盖内部员工身份治理（2E）、外部合作伙伴身份治理（2P）、C 端客户身份治理（2C）、数据身份治理（2D）、API 身份治理（2API）、IoT 身份治理（2IoT）。

通过与科研院所、高等院校的深入合作和积极探索，推进产、学、研一体化国产可控安全建设，推动数字身份安全的研究更进一步向纵深发展，促进安全产业的技术创新和产业升级。目前，派拉软件已与中国科学院大学正式携手数字安全重点实验室的建设和相关研究，通过技术合作、人才共享、重大专项研究等合作模式，切实推动产学研深度融合的技术创新体系建设，加强数字身份安全领域的成果转化，进一步夯实国产可控领先优势。

新技术走向成熟的背后离不开大量资金和资源的支持。谭翔坦言，"从一个科技从业者角度上来讲，我们每研发一款新的产品或者开发一些新的功能，实际上是一个非常大的投资，少则几千万，多则可能上亿的投资，而且这些投资都需要时间的沉淀，从这个角度上来讲，科技型企业的发展确实是需要资本的助力"。

为了更好地发展技术，派拉始终以积极的姿态拥抱资本市场，过去的10多年，历经Pre-A轮、A轮、B轮、C轮、D轮数次融资，积极争取科创板上市，谋求企业向着更好的方向发展，为更多的客户服务。

除了来自资本市场的支持，派拉软件还获得了国家政策的加持，2013年，派拉软件获得上海市专精特新中小企业称号，2021年被评为第一批重点培育国家级专精特新"小巨人"企业，科创板的开放加大了资金对科技型企业的支持力度，向科技型企业投放科技项目的相关资助等。

由此，派拉软件融资难度不断下降，得以专注于自己的细分领域，逐渐成长。

3. 未来的发展：立足上海，走向全球

谭翔带领团队扎根上海，在过去10多年间，立足上海，辐射整个华东，并逐渐形成北京、深圳、广州、成都、武汉等城市的覆盖，将业务扩展到了全国。

"上海特有的先进的企业发展理念、优越的营商环境、充满活力的发展氛围，使得这里的企业始终以一种开放的姿态面对创新、面对发展，这也深深滋养着派拉软件，让派拉勇于尝试新的技术、提出更多创新的解决方案，而在这些新方案提出时，总能获得客户企业的关注和认可。"谭翔给出了自己的选择理由。

关于企业的未来，"走出去"被列在了后续几年的发展计划之中。派拉软件目前已经拥有一批海外客户，例如伊拉克的一些石油公司、日本的一些大型的银行等。同时，不少派拉软件服务的客户正在谋求全球化，例如海信电器这样的一些企业，派拉提供的软件被其分布于全球各地的员工和客户使用着。

与此同时，派拉软件也有着自己走出去的规划，谭翔认为："从信息安全的本身的市场上来讲，科技越发达，数字化越推进，它对于信息安全的刚性需求就会越高。从这种角度上来讲，先进的欧美市场可能市场潜力更大，这

与它的科技水平和数字化水平相关。当然从发展的角度上来讲，我们认为东南亚市场或者是非洲市场，以后会具备潜力。"

许多软件企业在发展的过程中最终都会走向全球化，例如微软、IBM 等老牌企业，派拉软件同样希望着有一天让自己的品牌获得更多企业客户的认可，赢得发展的长跑比赛。

正如派拉软件给自己赋予使命：创造安全、高效、极致体验的数字世界。它们正努力地当好信息世界的卫士，以安全为基石托举各行各业大大小小企业的数字化转型，让数字世界更加美好。

专栏　建为历保——保护文化遗产的现代工匠

我国是有着五千年历史的文明古国，拥有 76 万多处不可移动文物，1.08 亿件 / 套国有可移动文物，40 项世界文化遗产及 4 项世界文化和自然双遗产，这些文化遗产是中华优秀传统文化的重要载体。习近平总书记强调："进一步加强文化和自然遗产的整体性、系统性保护，切实提高遗产保护能力和水平。"

近年来，在文化和自然遗产保护传承利用方面，我国取得了显著成就。如何将先进的科学技术应用于文化遗产保护，建为历保始终在探索。建为历保是一家致力于历史文化遗产全生命周期保护利用的行业领军企业，结合物联网、大数据、人工智能、云技术等关键技术与专利研发，以多样化手段保护与传承文化遗产。建为历保成立于2009年，是行业内第一家在新三板挂牌的国家级高新技术企业，也是第一批国家级专精特新小巨人企业。

1. 传统修缮与现代科技融合的保护之道

"建为是指在文化遗产保护行业有所建树，有所作为，所以叫建为。历保两个字是历史文化遗产的保护。"上海建为历保科技股份有限公司创始人、董事长郭伟民在接受第一财经调研时解释道。

如今，建为历保创新商业模式，致力于改变文物建筑和历史建筑"破损后修复"的传统观念，打造"预防性保护"的核心理念。从两个方面开展历史文化遗产的保护，一种是抢救性修缮，即"传统的保护，一砖一瓦一木，我们精雕细琢来把它保护好"，另一种是预防性保护，"通过物联网、大数据、云计算这种比较先进的现代科技，把历史文化遗产做一个全过程的数字建模，做监测数据的采集，再运用大数据分析提供保护的思路与建议"。公司已获专利及相关知识产权276项，包括发明专利31项、软件著作权 74 项、累计完成高新技术成果转化 5 项，其中，"近现代历史建筑预防性保护与功能性能提升关键技术"获得了上海市科技进步奖二等奖。

具体到公司业务，建为历保分为了五个板块：

一是文化遗产保护。围绕抢救性修缮和预防性保护两大领域，建为历保针对全国各级文物保护单位及各地历史建筑，提供可持续利用策划、设计、施工、监测、运营全产业链解决方案。世界遗产中，如故宫（倦勤斋、符望阁、碧螺亭）、敦煌莫高窟、庐山、九寨沟、唐崖土司城址等；全国重点文物保护单位如上海的中国共产党第一次全国代表大会宿舍旧址、外滩建筑群、豫园湖心亭、华东政法大学长宁校区等以及偃师商城遗址、沧源崖画、福建土楼均留下了建为历保努力的痕迹。

二是城市更新。针对既有建筑，如历史文化名城名镇名村、传统村落、历史风貌区、城中村、工业园内的历史建筑，建为历保积极进行更新改造及置换升级，参与的项目如广州永庆坊，佛山岭南天地，深圳南头古城，苏州平江路历史文化街区，上海杨浦生活秀带、大豫园片区、上海蟠龙天地等。

三是信息技术。在文化遗产保护的过程中，利用移动通信、空间信息、GPS/GIS/RS、人工智能、元宇宙等各类新技术，实现文化遗产保护的科技化、预防化和智能化。

例如公司参与构建了浦东新区智慧文博平台，整合文物安全监管平台、文博数字档案平台、文物安全巡查平台、文博信息发布平台、文博公众服务平台等文博保护信息资源于一体，实时、动态、准确、客观地反映浦东新区文博管理的整体实力，达到文物信息集成、服务集成、管理集成等多元多维的整合，从而实现浦东新区文博管理的动态化、数字化、网络化和可视化，为浦东新区文博管理提供有效的科学决策支撑。

四是展览展陈。围绕"数字技术＋陈列展览"主题，建为历保通过科技手段、展览策划与设计、施工等推进博物馆数字化建设，为甘肃省博物馆、广东省博物馆、保国寺古建筑博物馆、柳州博物馆、安宁市博物馆等博物馆提供展览陈列和数字化保护服务。同时，也打造了"遗产中国数字体验馆"，并在上海、甘肃、四川、湖南、广西、河南等地建设推广，为当地旅游文化增添独特魅力。

五是活化利用。保护修缮后的上海沙美大楼、孙中山行馆旧址经过合理运营，现在都成了黄浦区文化交流的热门场所。为了降低文物建筑在利用中的风险，公司与保险公司推出"文物保险＋科技服务"创新产品，借助保险公司成熟的风险管控能力，通过承保前安全风险问询和承保后事故预防服务，将有效提升文物的安全风险管理水平。

当前，建为历保的足迹已经遍布全国25个省（自治区、直辖市），参与28座国家历史文化名城的历史文脉保护，涉及18处世界遗产，70多处全国重点文物保护单位，500多处文物保护单位与历史建筑，荣获全国优秀古迹遗址保护项目、中国建筑工程装饰奖、全国建筑装饰行业科技创新成果奖、文化与旅游部数字化创新案例、住房城乡建设部城市更新典型案例、国家文物局文物建筑保护利用案例、上海市建设工程白玉兰奖等专业奖项。

2. 引进、自培与引贤并举吸纳人才

历史文物保护人才专业性强，对经验要求高，建为历保通过人才引进、自身培养以及行业引贤三个渠道支撑自身的业务发展。

在自身培养的过程中，早在2013年建为历保就与湖南理工学院达成校企合作协议，共建"历史建筑保护工程"专业，使之成为全国第4个、湖南省首个开设"历史建筑保护工程"专业的高校。该专业于2015年开始招收第一届本科生。

此后建为历保与同济大学共建上海市专家工作站，与北京大学文博学院、湖南大学、西南交大等高校共建智慧化保护实验室，建为历保与高校的合作如火如荼。

同时，建为历保特别关注匠人的培训与招聘，结合传统技术的地域、工序工艺特点，在各地（进行）优秀匠人

的招聘。

在多维人才的支持下，建为历保成为一位精益求精的匠人，打磨传承着修缮文物的传统技术的同时，也研究实践着科技保护的新方式方法。

3. 文化遗产保护需要政府引领

习近平总书记指出："中华文化是我们提高国家文化软实力最深厚的源泉，是我们提高国家文化软实力的重要途径。"对文化遗传的保护任重而道远，离不开政府的积极引导与支持。

2009年，郭伟民在游学欧洲时发现，一座座古老的建筑保存得十分完好，将历史的沧桑很好地展现给了所有游客，他为之折服也随之陷入思考。回国后，郭伟民做了详细的市场调研，他发现国内的文物建筑保护工作基础很薄弱，从文物保护技术，到文物保护设备，我国与世界先进水平存在一定的差距。于是，他迈开了建筑遗产保护的脚步。

郭伟民在调研中坦言，"我们在刚开始初创这个企业的时候，我们的资金是短缺的。我把自己做房地产建筑行业赚的钱用到这个里面来。但是还有工资发不出的时候，我就把自己的房子抵押，给员工发工资。"幸运的是，此后国有资本注入，建为历保实现了一系列股权融资，及时补充了公司发展过程当中需要的资金。

　　郭伟民认为，专利保护、资金支持、传播与推广是文化遗产保护传承利用过程中，政府应该关注和主导的三大方面。

　　放眼未来，郭伟民坚信文化遗产保护将会进入欣欣向荣的发展时期，"第一，中华文明是四大古国里面唯一没有中断的文明，文化遗产保护是尤为珍贵。第二，40多年的改革开放，中国经济发展到了一定高度，普通老百姓的文化程度也到了比较高的一个水平。所以老百姓对这种文化的需求，精神方面的追求是要求比较高的。我们保护文化，传承文化，对中华民族的伟大复兴，在世界范围里面的影响都是非常大的。"未来，建为历保也将在文化遗产保护的领域中坚定前行。

第六章
生命健康产业

　　生命健康产业是关系着国计民生的产业，该产业的发展情况影响着千千万万的普通人，同时该产业囊括的细分行业多、范围广，始终是社会关注的焦点，也是新一轮技术革命的重点领域。尤其是新冠疫情之后，生命健康产业更是成为全球发展的焦点。

　　人口结构的变化与人们对生命健康的日益关注推动我国生命健康产业快速发展，不仅提高了医疗服务的诊疗水平，降低了服务成本，还拓宽了该产业的服务领域，改善了人们的就医体验。上海依靠其独特的资源禀赋与先发优势，一直是生命健康领域的发展高地，但在上海，这一产业中领头企业较少，未来应筛选有发展潜力的企业重点培养，帮助其建立真正的高产品质量、高服务水平形象，进一步提升整体生命健康产业竞争力。

第一节　围绕全生命周期　产业蓬勃发展

　　2019年，我国出台《健康产业统计分类（2019）》，对健康产业进行了明确的界定：健康产业是指以医疗卫生和生物技术、生命科学为基础，以维护、改善和促进人民群众健康为目的，为社会公众提供与健康直接或密切相关的产品（货物和服务）的生产活动集合。

该分类将健康产业范围确定为医疗卫生服务，健康事务、健康环境管理与科研技术服务，健康人才教育与健康知识普及，健康促进服务，健康保障与金融服务，智慧健康技术服务，药品及其他健康产品流通服务，其他与健康相关服务，医药制造，医疗仪器设备及器械制造，健康用品、器材与智能设备制造，医疗卫生机构设施建设，中药材种植、养殖和采集等 13 个大类。

根据 Research Dive 的研究数据，2021 年全球生命健康产业市场规模为 4.7 万亿美元，按预计年复合增长率 10.9%，到 2031 年全球生命健康产业市场规模将达到 12.8 万亿美元。

一、推进健康中国建设的重要战略机遇期

2016 年 10 月，中共中央、国务院印发《"健康中国 2030"规划纲要》，纲要明确，推进健康中国建设，是全面建成小康社会、基本实现社会主义现代化的重要基础，是全面提升中华民族健康素质、实现人民健康与经济社会协调发展的国家战略，是积极参与全球健康治理、履行 2030 年可持续发展议程国际承诺的重大举措。纲要指出，未来 15 年是推进健康中国建设的重要战略机遇期。

近年来，国家不断出台政策，加大了中央和地方在医疗卫生服务领域的投入力度，致力于建立健全的基本医疗卫生服务体系，以确保公平性和可及性。在新冠疫情的严峻考验下，这些政策和投入得

到了有效验证和认可。据统计，2023 年我国生命健康产业的市场规模已达到 13 万亿元，实现中高速发展，市场规模年复合增长率达到 13%，跃居为全球第二大市场。

社会结构变化引起市场需求不断扩大，推动中国生命健康产业持续增长。据艾媒数据显示，2014 年到 2021 年，中国生命健康产业整体营收保持稳定增长，2021 年营收规模达 8 万亿元，增幅达 8.1%，预计 2024 年将达 9 万亿元。中国生命健康产业主要分布在长江三角洲、粤港澳大湾区、京津冀和成渝都市圈四大区域。

表 6-1　国家生命健康产业相关政策汇总

时间	政　策	描　　　　　述
2022 年 4 月	《"十四五"国民健康规划》	到 2025 年，卫生健康体系更加完善，中国特色基本医疗卫生制度逐步健全，重大疫情和突发公共卫生事件防控应对能力显著提升，中医药独特优势进一步发挥，健康科技创新能力明显增强，人均预期寿命在 2020 年基础上继续提高 1 岁左右，人均健康预期寿命同比例提高。预期健康服务业总规模在 2025 年超过 11.5 万亿元
2021 年 9 月	《"十四五"全民医疗保障规划》	到 2025 年，医疗保障制度更加成熟定型，基本完成待遇保障、筹资运行、医保支付、基金监管等重要机制和医药服务供给、医保管理服务等关键领域的改革任务，医疗保障政策规范化、管理精细化、服务便捷化、改革协同化程度明显提升
2021 年 7 月	《"十四五"优质高效医疗卫生服务体系建设实施方案》	到 2025 年，基本建成优质高效整合型医疗卫生服务体系，重大疫情防控救治和突发公共卫生事件应对水平显著提升，国家医学中心、区域医疗中心等重大基地建设取得明显进展，全方位全周期健康服务与保障能力显著增强，中医药服务体系更加健全，努力让广大人民群众就近享有公平可及、系统连续的高质量医疗卫生服务
2021 年 6 月	《关于进一步加强综合医院中医药工作推动中西医协同发展的意见》	从八个方面提出了具体要求，加强综合医院中医药工作，有利于坚持中西医并重、促进中医药和西医药相互补充协调发展。强调要加强综合医院中医临床科室设置和中药房设置

（续表）

时间	政　策	描　　述
2021 年 3 月	《中华人民共和国国民经济和社会发展第十四个五年规划和 2035 年远景目标纲要》	"十四五"期间，仍把保障人民健康放在优先发展的战略位置，通过构建强大公共卫生体系、深化医药卫生体制改革、健全全民医保制度、推动中医药传承创新等六个方面织牢国家公共卫生防护网，为人民提供全方位全生命期健康服务
2021 年 2 月	《关于加快中医药特色发展的若干政策措施》	提出七个方面 28 项支持政策，强调要遵循中医药发展规律，认真总结中医药防治新冠肺炎经验做法，破解存在的问题，更好发挥中医药特色和比较优势，推动中医药和西医药相互补充、协调发展
2019 年 8 月	《保健食品原料目录与保健功能目录管理办法》	强化了原料目录的事后监管。对保健食品原料目录和保健功能目录实行动态管理，强化食品安全风险防控，分别明确了保健食品原料和保健功能的再评价程序
2019 年 8 月	《保健食品标注警示用语指南》	规定从 2020 年 1 月起，保健食品标签要醒目标注"保健食品不是药物，不能代替药物治疗疾病"等警示语、规范保质期标注方式。根据规定，警示用语区应位于最小销售包装物（容器）的主要展示版面
2019 年 6 月	《国务院关于实施健康中国行动的意见》	明确了三方面共 15 个专项行动。一是从健康知识普及、合理膳食、全民健身、控烟、心理健康等方面综合施策，全方位干预健康影响因素；二是关注妇幼、中小学生、劳动者、老年人等重点人群，维护全生命周期健康；三是针对心脑血管疾病、癌症、慢性呼吸系统疾病、糖尿病四类慢性病以及传染病、地方病，加强重大疾病防控。通过政府、社会、家庭、个人的共同努力，努力使群众不生病、少生病，提高生活质量
2017 年 2 月	《中国防治慢性病中长期规划（2017—2025）》	将降低重大慢性病过早死亡率作为核心目标，提出到 2020 年和 2025 年，力争 30—70 岁人群因心脑血管疾病、癌症慢性呼吸系统疾病和糖尿病导致的过早死亡率分别较 2015 年降低 10% 和 20%，并提出了 16 项具体工作指标

（续表）

时间	政　策	描　　　述
2016 年 10 月	《"健康中国 2030"规划纲要》	到 2030 年，促进全民健康的制度体系更加完善，健康领域发展更加协调，健康生活方式得到普及，健康服务质量和健康保障水平不断提高，健康产业繁荣发展，基本实现健康公平，主要健康指标进入高收入国家行列。到 2050 年，建成与社会主义现代化国家相适应的健康国家。健康产业规模显著扩大。建立起体系完整、结构优化的健康产业体系，形成一批具有较强创新能力和国际竞争力的大型企业，成为国民经济支柱性产业。健康服务业总规模 2030 年达到 16 万亿元
2015 年 10 月	《中华人民共和国食品安全法》	对保健食品作出五大明确规定，明确对保健食品实行注册与备案分类管理的方式，明确保健食品原料目录、功能目录的管理制度，通过制定保健食品原料目录，明确原料用量和对应的功效，对使用符合保健食品原料目录规定原料的产品实行备案管理；明确保健食品企业应落实主体责任，生产必须符合良好生产规范，并实行定期报告等制度，明确保健食品广告发布必须经过省级食品药品监督部门的审查批准。明确保健食品违法行为的处罚依据

资料来源：第一财经研究院根据公开资料整理。

　　展望"十四五"时期，我国医疗服务体系将进一步围绕人民的全生命周期发展，朝着更高质量、更全方位的目标迈进。在这一过程中，中医药、保健品以及"互联网＋"医疗等将成为重要的发展着力点，以点带面，为医疗服务体系的优化布局提供有力支持。

　　在国家规划的引导下，各地方政府也纷纷发布相关产业政策。

　　深圳 2013 年出台《深圳市生命健康产业发展规划》，定义了深圳生命健康产业发展的六大领域，包括生命信息、高端医疗、健康管理、照护康复、养生保健、健身休闲，并归属于生命健康制造业、生命健康服务业两大板块。此后，深圳逐步成为全国重要的健康经济产业基地，陆续出台了《深圳市培育发展高端医疗器械产业集群行动计划（2022—2025 年）》《深圳市培育发展生物医药产业集群行动计划（2022—2025 年）》《深圳市培育发展大健康产业集群行动计划（2022—2025 年）》，旨在培育世界级健康经济产业集群。

北京先后发布两轮《北京市加快医药健康协同创新行动计划》，推动医药健康产业做大做强，中关村生命科学园围绕"生物＋"和"数字＋"两大核心驱动力，发挥研发创新优势，精准卡位前沿赛道，推进前沿技术突破和高精尖企业孵化，面向国际加快引入优质增量资源，大力发展医药健康产业，并把其作为助推北京创新发展的"双发动机"之一。

二、上海是生命健康产业发展高地

2021 年 7 月，《上海市先进制造业发展"十四五"规划》提出，到 2025 年，上海进一步强化医药创新引擎，创新药研发制造产业规模达到 1600 亿元；成为国家高端医疗器械创新高地，高端医疗器械产业规模达到 600 亿元；形成种类丰富、功能多样的智能健康产品体系，智能健康产品产业规模达到 400 亿元；形成产业能级高、示范应用广、业态模式新的生命健康服务体系。

表 6-2   上海生命健康产业发展目标

生命健康产业集群重点领域	具体发展目标
创新药研发制造	以创新突破、规模生产为重点，发展免疫细胞治疗、蛋白和多肽类、抗体偶联等生物技术类药物和新型疫苗，加快免疫治疗、基因治疗、溶瘤病毒疗法等技术产品的研究和转化；促进中药传承创新融合发展，加快中药产业现代化进程。到2025年，进一步强化医药创新引擎，产业规模达到1600亿元
高端医疗器械	以完善配套、高端提升为重点，聚焦新型成像技术、高端大型影像设备核心零部件以及影像决策支持软件等领域，推进影像设备迭代，加快医学影像产业的创新发展。到2025年，建设成为国家高端医疗器械创新高地，产业规模达到600亿元
智能健康产品	以适应需求、加强推广为重点，推进智能健身运动器材、可穿戴设备、健康管理设备、健康体检设备、康复辅助器具、营养保健品等规模化发展，应用仿生学、虚拟现实、人工智能等新技术，提升产品智能化水平。到2025年，形成种类丰富、功能多样的智能健康产品体系，产业规模达到400亿元
生命健康服务	以高端服务、智慧精准为重点，发展新药研发服务外包，推进药物筛选、药物安全评价、模式动物培养等公共技术服务和共享服务；做强医药电子商务、连锁经营、物流配送等现代医药流通业态。到2025年，形成产业能级高、示范应用广、业态模式新的生命健康服务体系

资料来源：第一财经研究院根据公开资料整理。

　　紧接着，上海市各区也纷纷出台相关支持政策。例如，2021年11月，闵行区设立了生物医药领域的发展目标：到2023年，力争生物医药制造业年度工业总产值达到350亿元，生物医药产业营收规模超过550亿，上市企业6—8家，并重点关注创新药、高端医疗器械、制药装备及材料等领域。2020年，长宁区将生物医药行业纳入区域3＋3重点产业体系，通过出台产业扶持政策、成立产业联盟、参与设立上海市生物医药产业基金、举办有影响力的品牌活动等举措，推动长宁区生命健康产业保持较强的发展势头。上海生命健康领域的重点策源地张江，2023 年成立了生命健康产业孵化天使基金（"张科禾苗基金"）I 期，并顺利完成基金备案，已正式迈入运作。该基金主要用以补足生命健康产业科技创新从 0 到 1 的资本短板，加速科技创新成果在浦东张江转化和孵化，带动创新创业生态持续优化。据静安区人民政府 2024 年公开数据显示，按照国家统计局发布的健康产业统计分类 13 大类口径，全区纳入健康产业统计目录的纳税企业共800 余家，从企业数量来看，药品及其他健康产品流通服务、医疗卫生服务两个子类占主导地位。其中，药品及其他健康产品流通服务企业约占全部健康产业企业的一半，医疗卫生服务企业 200 余家，占全部健康产业企业总数的五分之一。

表 6-3　上海市部分区出台的促进生命健康领域发展政策

	出台时间	政策文件名称
嘉定区	2020 年 8 月	《促进嘉定区生物医药产业高质量发展的实施意见》
普陀区	2021 年 9 月	《普陀区加快发展生命健康产业实施意见》
青浦区	2021 年 10 月	《关于推动青浦区生物医药产业高质量发展的若干政策》
闵行区	2021 年 11 月	《闵行区关于促进生物医药产业高质量发展的若干意见》
宝山区	2022 年 8 月	《宝山区加快生物医药与生命健康产业高质量发展若干政策》
浦东新区	2022 年 9 月	《浦东新区促进重点优势产业高质量发展若干政策措施—支持生物医药产业高质量发展专项》
徐汇区	2022 年 10 月	《关于进一步推动徐汇区生命健康产业高质量发展的扶持意见》
奉贤区	2023 年 4 月	《奉贤区促进生命健康产业高质量发展若干政策》

资料来源：第一财经研究院根据公开资料整理。

第二节　制度保障呵护产业成长

随着人口老龄化程度加深，以及人们对生命健康的日益重视，生命健康产业发展面临巨大的发展机会，为保障该行业的健康有序发展，上海提供了完善的制度保障，未来应培育更多领头企业，发挥更大的规模优势。

一、优势：制度保障全面、投融资优势显著

政策先行，制度保障全面。近年来，不论是上海市级层面还是各个区，都针对生命健康产业的发展推出了完整的配套保障文件，并对企业的创新发展设置了分层奖励，鼓励企业发展，为企业提供良好的营商环境，同时带头建立科研、临床、产业一体化链条，推动企业创新成果落地。

投融资优势显著。上海的金融市场活跃，投融资便利度优势显著，同时政府部门与企业积极沟通，通过多种渠道为企业提供其所需的资金，满足其发展需求。

二、劣势：产业集中度低、前期技术积累欠缺、环保要求可能会限制一些企业的发展

产业集中度较低。生命健康领域竞争激烈，企业数量多但尚未形成规模效应，整个行业的集中度较低。同时，由于生命健康产业涉及重要的权益保护，整个市场的准入门槛较高，需要积极对标国外先进

的行业标准，制定满足各种药品、医疗器械等各个方面的行业规章和标准。

前期技术积累欠缺。生命健康领域对创新性的要求高，美国、欧洲等地起步早，研发实力强大，已经积累较多相关专利，同时产业化成熟，研发成果能够迅速转变为产品出售，包括上海在内的我国各个区域相对起步较晚，最初以仿制药、代工厂开始发展，技术含量相对较低，要追上国际先进水平还需要一段时间。

面临的环保成本较高，一定程度上会限制某些企业的发展。制药行业对环境存在一定影响，上海对环境保护的相关要求较高，这些企业不得不采取更多的节能减排举措以适应上海市环保要求，面临更高的营业成本，部分企业可能选择搬迁离开上海以获得对环保要求相对宽松的发展环境。

三、机遇：生命健康作为国家战略带来巨大的发展机会、全国人民对生命健康产业需求增长

生命健康作为国家战略带来巨大的发展机会。在党的十八大明确提出加快完善社会主义市场经济体制和加快转变经济发展方式的背景下，国务院于 2013 年 9 月正式发布了《关于促进健康服务业发展的若干意见》（下称《若干意见》）。《若干意见》的出台，标志着健康服务业的发展已上升到国家战略高度，成为经济发展方式转变的重要途径之一，未来必将得到更多的政策支持和市场机会。《"健康中国2030"规划纲要》明确提出健康服务业总规模于 2020 年、2030 年超过 8 万亿元和 16 万亿元。《"十四五"优质高效医疗卫生服务体系建

设实施方案》提出，到 2025 年，基本建成体系完整、布局合理、分工明确、功能互补、密切协作、运行高效、富有韧性的优质高效整合型医疗卫生服务体系，实现健康和经济社会良性协调发展。此外，各地也出台了一系列促进生命健康行业发展的政策措施，如加大财政投入、优化税收优惠、鼓励创新创业等。

我国人民对生命健康产品需求持续增长。我国人口老龄化程度不断加深，截至 2023 年底，60 岁以上老年人口超过 2.9 亿，占总人口的 21.1%。老年人群对生命健康产品和服务的需求更加旺盛，尤其是对慢性病防治、康复护理、养老服务等方面的需求。同时，随着人民收入水平提高和健康意识增强，对生命健康产品和服务的消费需求也呈现多样化、个性化、高品质化的特征，对医疗服务、医药保健、营养保健、医疗器械、健康管理等领域的产品和服务有更高的期待和要求。

四、挑战：全产业链建设仍面临其他地区的竞争压力

全产业链建设仍面临其他地区的竞争压力。中国生命健康产业主要分布在长江三角洲、粤港澳大湾区、京津冀和成渝都市圈四大区域，上海位处长江三角洲，是该区域生命健康产业发展的领头羊，与区域内的浙江、江苏等省有所分工，一些上海科研院所产出的优质创新成果，并没有在本地实现转化，而通过周边江苏、浙江等地区的生物医药企业进行生产，上海在全产业链协同上有待提升。

第三节　协调区域资源　共同求突破

上海生命健康产业依靠良好的制度保障，发展迅速，但行业内中小企业居多，区域间竞争压力较大，应关注区域内企业的协同发展与共同创新。

一、以创新为抓手，用好区域内产学研医研资源

上海可以打造"政产学研医投"的创新医疗器械的发展模型。通过针对性的激励措施，让更多的创新医疗公司获得支持，更好发展；并通过成立创业企业孵化平台，赋能规模较小的高新技术创新型企业。

通过打造创新生态圈，将理论转化为应用成果，催生更多的创新成果。鼓励高等院校、科研机构及全球顶尖科学团队，开展生命科学前沿基础研究，提升探索未知世界、发现自然规律、实现科技变革的能力，引领原始技术创新突破。

积极与国外医疗研究所建立联系和沟通渠道，加强全球领先的医疗技术交流，治疗更多患者，创新造福生命。

二、培育重点企业，建立品牌影响力

我国生命健康企业数量多，缺乏具有品牌影响力的大型企业。因此，可以筛选有发展潜力的企业重点培养，帮助其建立真正的高产品质量、高服务水平形象，提升生命健康行业竞争力，赢得消费者的信任和忠诚。

三、长三角生命健康领域合作"突破"

依托长三角生命健康产业合作区，政府可以统筹建立由上游原材料供应商、中游产品制造商和下游产品销售商组成的完整产业价值链。以产业链为基础，形成规模效应与集聚效应，助力行业健康发展。

长三角地区可以在生命健康领域出台针对性的创新政策，探索职业资格和质量认证跨区域互认互用，推动研发人员、试验样本和设备等高效便捷流动，让人才实现自身最大的价值。

长三角地区可以建设共同的生产外包服务机构，以及实验动物服务平台、检验检测平台等产业公共服务平台，统一区域市场，打造覆盖产业全链条的专业服务平台。

专栏　瑞柯恩——手术台前的追光者

大多数人对钬激光和铥激光或许比较陌生。实际上，钬激光和铥激光常常被应用于泌尿外科。应用这两种激光的设备分别被称为钬激光治疗机和铥激光治疗机。其中，钬激光治疗机主要应用于泌尿系结石的微创治疗，可以将结石击碎为细小粉末并排出体外；铥激光治疗机水吸收系数高，精准可控，可以将增生的前列腺组织快速汽化切割；而新一代超脉冲光纤铥激光，则融合了碎石和软组织切割功能，实现一机多能。

钬激光治疗机和铥激光治疗机属于高端医疗器械的范围内，高端医疗器械领域是上海生命健康产业集群的重点发展领域之一。《上海市先进制造业发展"十四五"规划》提出，到2025年，上海成为国家高端医疗器械创新高地，高端医疗器械产业规模达到600亿元。上海瑞柯恩激光技术有限公司（简称"瑞柯恩"）是该领域中的一家国家级专精特新"小巨人"企业。

1. 不忘初心，做好民族品牌

瑞柯恩从2006年开始生产医疗激光设备，起初生产的是钬激光治疗机。据总经理张敬申介绍，以前国内钬激光的整个产业都较为混乱，存在许多明显的缺陷，包括产品品质低劣、行业恶性竞争、缺乏创新等，因此国产品牌一度备受诟病。

张敬申在那时就有远大的目标与理想："我的目标就是要让老百姓在家门口就能享受到高科技带来的福利，要让中国医生在国际舞台上用国产品牌，发出中国人的声音，我一定要做一个国际化的中国品牌出来。"她认为，企业的责任就是重塑民族品牌，成就民族产品。于是，她和她先生在2014年收购了瑞柯恩。

在收购瑞柯恩后，企业发展走的是"品牌战略"。在瑞柯恩重组的同时也引入了上海科技创业投资集团、基石资本投资企业。对于引入资本的选择，张敬申也有自己的标准，关键是与瑞柯恩"让医疗之光造福人类"的初心和"服务社会、造福患者"的价值观相同。资本的进入加快了瑞柯恩走品牌化、多元化的发展道路，瑞柯恩的产品研发创新、品牌学术推广都驶入了"快车道"。

根据瑞柯恩官网发布的信息来看，近年来瑞柯恩在泌尿外科激光治疗机市场上占有率提升迅速，连续多年位居榜首，2023年市占率已达到50%。销售收入稳步攀升，用户扩增到全国31个省份的3000多家医院，北上广三级甲等标杆医院覆盖率超80%。2023年，瑞柯恩进军呼吸领域，上市发布了极瑞光纤铥激光，拓展了除泌尿外科以外的新领域。

2. 人才是第一资源，创新是第一动力

张敬申在调研中告诉我们，国产激光品牌一直面临着严峻的挑战。以钬激光为例，自20世纪90年代末起，国内三甲医院泌尿外科逐渐使用钬激光来进行泌尿外科微创手术，但使用的主要是进口钬激光设备，当时国产钬激光设备的市场占有率几乎为零。在如此困难的市场环境下，瑞柯恩的业务能成功拓展离不开人才与创新。

钬激光和铥激光医疗设备生产制造领域是非常细分的市场，以至于相关的科研人才很难寻找。"我们的人才是一个一个攒起来的。"张敬申说。医疗激光领域涉及光、机械，还有电，相较工业激光来说体量很小，研发需要复

合型、综合型的人才，一些高端人才甚至需要花费半年的时间进行沟通招揽。在张敬申看来，多数人才都是被瑞柯恩的价值观吸引过来的。"我们的员工最远的是住在松江南站，到公司要两个小时的路程，他也愿意来。现在我们有60多位的研发人员，他们来自复旦、交大、哈工大、大连理工等院校。"

瑞柯恩以推广先进的技术为己任，在培养医生人才方面有自己的一套体系。与国内三甲医院合作，成立瑞柯恩培训学院、培训基地和培训中心，培训网络覆盖全国，并搭建医研企交流平台。据介绍，目前已有瑞柯恩培训学院、培训基地和培训中心等共50多家。

关于为何落户张江，张敬申表示浦东的营商服务、张江科创的"金字招牌"是重要因素。浦东新区政府、张江集团对瑞柯恩在"张江科学城产业化用地"的申请、"特殊人才落户"政策等方面提供了帮助，并提出将不断加大对人才引进的支持力度，助力瑞柯恩吸纳人才、留住人才，为企业发展提供了强有力的政策支撑。

在人才的有力支撑下，瑞柯恩的创新也不断加快。"一开始各种进口元器件成本占我们总成本的百分之六七十，现在成本几乎占1%都不到了。"据张敬申所述，瑞柯恩自重组以来坚持自主研发创新，在不懈努力下，产品零部件基本实现自主可控，进口泌尿外科激光设备的市占率已经降到了 10%。

张敬申说，瑞柯恩首先解决了钬激光治疗机的软光纤传输高功率的问题。此前，国产钬激光设备软光纤传输效率较低，手术风险较大，瑞柯恩的钬激光设备对耦合技术进行了改进，从而解决了这个难题。在钬激光之后，瑞柯恩又相继研发了锋瑞、优路光纤铥激光设备，凭借着精准控制、安全高效的特点，突破了高龄高危人群的使用限制，口服抗凝药物的患者术前不需停药；第三代铥激光——优路自由星，是一项具有突破性的创新成果，具备原位、超粉碎石和软组织汽化、切割、凝固的多重功能，缩短手术时间，减少并发症，提高即刻清石率，让更多患者一次手术就解决了结石带来的困扰。截至 2024 年 6 月底，瑞柯恩已申请知识产权 350 多项，承担及参与科研项目 30 多项，累计完成高新技术成果转化 8 项。

在绿色生产方面，瑞柯恩也进行了积极的探索与实践，在原有的基础上不断提高生产效率。瑞柯恩的生产制造高度自动化和智能化，例如风冷连续式掺铥光纤激光治疗机，该机器突破现有的水冷制冷方法，提高机器光电转换效率，水冷改进为风冷，输入功率大幅度降低，从而实现节能减排。

3. 发展生命健康产业亟须打破市场准入壁垒

生命健康产业与国家经济社会发展和老百姓健康密切

相关，是蓬勃发展中的朝阳产业、未来新兴产业发展的风口之一，具有旺盛的市场需求和增长潜力。如今上海医疗器械领域已经向着自主创新大步迈进，自主研发的产品已具备一定的国际影响力，并产生了一批领军品牌。上海的生命健康产业在医疗器械的研发投入、核心技术、人才储备和产业竞争等方面仍存在一些短板和痛点。我国高端器械领域依然存在创新能力不足、市场准入壁垒、品牌建设薄弱等不足之处，这些方面都亟须突破和提升。

要克服这些挑战，既需要充分激发企业的"内生动力"，增强"自我造血"能力；也需要政府的支持和帮助。张敬申强调，目前最关键的就是解决审批的问题。"不光是我一个企业，对医院来说也很难，医院想开发做新的技术，要经过起码好几关申报。"对于瑞柯恩这类医疗器械公司，最急迫的需求是将创新的医疗激光项目尽快纳入医疗服务收费项目，使新的技术和产品尽快应用、服务于临床，同时也能帮助企业拓展创新产品的市场。

关于未来发展规划，瑞柯恩表示，将以泌尿外科为核心，向呼吸科、皮肤科、消化科、五官科等更多科室辐射发展，不断完善现有激光产品，寻找更适合临床需求的激光类型，为解决"看病难、看病贵"的难题贡献方案。同时进军国际市场，成为国际化的专业医疗激光企业，在"追光"的道路上不断前行。

专栏　之江生物——警醒的病毒捕获者

一直以来，生命健康是人类生存发展的基本要求，也是社会发展进步的基础。2020年初，突如其来的新冠疫情，给我国的生命健康领域带来一次大考。面对病毒，有一批人迅速行动，第一时间面对挑战，他们积极开展科研攻关，了解病毒、认识病毒、抵御病毒。之江生物便是其中一支生力军，在疫情暴发不到两个月的时间里，之江生物便成为国内首批新型冠状病毒检测试剂盒获证企业，为推进科学防控、科学救治发挥了重要作用。2月26日，之江生物生产的新冠检测试剂成为国内较早获得欧盟CE认证的产品，试剂先后通过澳大利亚（TGA）、南非（SAHPRA）、菲律宾（PFDA）、印度（CDSCO）、马来西亚（MDA）、新加坡（HSA）等国际认证。5月22日，之江生物的新冠检测试剂通过了世界卫生组织（WHO）的认证，并被列入应急使用清单（EUL），当时全球仅罗氏、雅培等九家公司的新冠病毒核酸检测试剂入列。

1. 面对疫情，唯快不破

两个月不到的时间，开发出一种"捕捉"病毒的方法，这一速度让人惊叹。从埃博拉到HPV病毒，每一次面对病毒，之江生物总能采取一系列快速且精准的行动。

2014年，之江生物研发的埃博拉核酸检测试剂第一时间获得欧盟 CE 认证；2015 年公司的埃博拉核酸检测试剂获得 WHO 批准，列入其官方采购名录，并开发出中东呼吸综合征冠状病毒核酸检测试剂；2018 年寨卡病毒核酸检测试剂被 WHO 批准，列入其紧急使用评估和清单（EUAL），HPV 核酸检测试剂通过了 VALGENT-4 的验证。

面对病毒，快速是科学而有效的应对措施永远追求的目标。聚焦、坚持技术开发与创新并拥有一支能打硬仗的队伍，这是之江生物能够"快"的三大法宝。董事长邵俊斌坦言："一个是聚焦的领域比较专注，我们可以在第一时间就知道（病毒发展）它的状况，对病毒有超强的敏感度。第二个是技术能力，我们一直从事专业领域的技术和产品开发，在这些产品上有优于别人的专长和开发上的先发优势。另外其实我们也有一些技术的储备和产品的储备，会根据疫情、根据疾病本身的发展的规律，提前去做一些技术和产品的储备。在疫情一来的时候，我们在信息层面、技术层面、产品层面都会有比较好的准备。一旦遇到疫情暴发，我们就可以投入整个团队的力量，从而能比较聚焦地把产品快速地高质量地开发出来，然后推到应用当中去。这个算是我们的一个秘诀。"

之江生物以技术立身，创始人是企业家，也是科学家，技术研发也始终是之江生物的发展重点，在新型冠状病毒暴发之前，其以研发分子诊断试剂为主，在疫情来临之后，开始关注以科技创新助推高质量发展，着力核酸检测相关产品的高通量、自动化研发。

以核酸检测装置为例，核酸检测虽然是疫情防控重要技术手段之一，但以检验人员人工操作为主的检验检测模式，极易引起生物安全等问题，且人力负荷过高，存在差错可能。为解决这一问题，之江生物积极开发"青耕一号"，这是一个全自动核酸检测平台，高度集成核酸检测全流程，结合全自动废弃物的回收处理操作，实现核酸检测封闭式"样本进，结果出"的全流程一体化，快速完成超高通量的核酸检测工作。除此以外，之江生物还推出了全自动核酸提取及检测分析系统 AutraMic mini "小青耕"，实现无人值守："样本进，结果出。"检测过程人员与样本零接触，可有效规避因人员疲劳等致操作失误的风险，助力解决核酸检测专业人员数量不足问题。

"小青耕"是目前体积最小、自动化程度更高的一体化磁珠法＋荧光 PCR 核酸检测系统。可以非常快速地检测包括流感、手足口、支原体、HPV、肝炎等很多病原体，一机多用多重联检，极大地提高检测能力。配套之江开发的数字孪生系统，电脑展示页面可展示仪器的实时监控情况，不用进实验室，即可在办公室随时远程监测实验的运行检测情况，也可安装在手机和平板电脑上，智能高效。

　　一次次的创新给之江生物打下了坚实的发展基础，拓展了其发展道路，也是上海生物医药领域追求卓越、埋头解决一个又一个痛点的一个剪影。

2. 人才支撑技术发展

　　企业的成长离不开人才的支撑，在技术密集型的企业中，高素质人才的作用尤为重要。上海拥有众多高等生物医学人才培养基地，高校、研究所等人才输出机构是生物医药领域发展的原动力。在《关于推进上海市生物医药研发与制造协同发展的若干举措》中，人才引进是重要举措之一——"支持生物医药企业引进优秀人才，将重点企业推荐为人才引进重点机构和引进非上海生源应届普通高校毕业生重点扶持用人单位。提供海外高层次人才及团队出入境和居留便利，落实国家给予上海的相关人才税收优惠政策"。

　　之江生物同样关注人才引入问题，积极开展校企握手，与行业内的高校、科研院所合作，主动定向地培养并转化人才。例如2023年4月，之江生物就与复旦大学医学分子病毒学教育部/卫健委/医科院重点实验室在感染性疾病分子诊断领域开展深度合作，联合建设"分子诊断联合实验室"，旨在搭建一个开放的体外诊断行业合作平台，加强科技创新和成果转化，为分子诊断技术在疾病防控的大健康领域发挥更大的作用。

除此以外，之江生物研究院还设立了产品开发中心和技术开发中心，其中技术开发中心为将来的产品开发提前进行技术攻关，产品开发中心在成熟的技术基础上，进行个性化的产品开发。通过底层技术研究与产品转化的双管齐下，让产品能拥有更多的自主核心技术，也能够更高效顺畅地进行产业转化。

借助于这支团队，在不到20年的时间里，之江生物已经研制了近500多项分子诊断产品，形成20大系列，涵盖所有国家法定传染病。其研制的埃博拉病毒核酸检测试剂盒以其高出同类产品10倍的灵敏度，被世界卫生组织所称赞。邵俊斌表示，之江生物能吸引并留住人才，主要着手于三个方面："一是人才方面，我觉得首先是吸引（人才）来企业之后的成长和培养，我们企业里面有很多开发人员，他们在企业工作，已经伴随着企业成长十几年了，他们至少在这个企业里面是开心的，是乐意在企业长久待下去和发展的，企业一定要创造一个让他们乐意长久发展的环境和氛围，这是我们企业在吸引和培养人才的维度上要做的。二是企业要有明确的目标和使命感，这需要与人才自身所处的专业领域和他们追求的方向相一致，或者说他们觉得在这里能够看到这个技术或者领域的最前沿，有成就感。在这个地方，我们每一次做出的成绩，都是整个企业的各个团队共同并肩战斗的成果。这种成就感也是使他们能够在这里长久的待下去，乃至于也吸引一些外部人才的要素。三是企业应该提供有竞争力的薪酬，包括我们上市以后，可以做一些期权和股权的激励，让他们能够在生活上没有后顾之忧，能在企业里长久地发展，这也是他们愿意在之江长久待下去的一个因素。"

3. 企业的发展其背后是整个行业的发展

上海作为生物医药产业发展的高地，一直以来极为关注这一领域的规划与发展，2021年，上海市政府印发《上海市先进制造业发展"十四五"规划》，将生物医药产业列入"3＋6"新型产业体系，明确提出以全链协同、成果转化为重点，聚焦生物制品、创新化学药、高端医疗器械、现代中药以及智慧医疗等领域，推动全产业链高质量发展。到2025年，基本建设成为具有国际影响力的生物医药创新高地。

在该规划下，上海从细处着手，完善基本医保支持政策，促进商业健康保险发展，对创新药械形成多方共担支付机制，通过完善后端支付机制，稳定前端产业市场预期，助力上海生物医药产业和保险金融业高质量发展，促进上海医疗服务水平提升，更好满足市民群众健康需求，有效减轻市民群众医药费用负担，提升市民群众健康水平。例如，制定发布《上海市生物医药"新优药械"产品目录》，联合上海市医保局共同争取国家医保局支持，将更多《目录》产品纳入国家基本医保目录；推荐《目录》产品（如 CAR-T 细胞治疗药物）等多款创新产品纳入惠民型商业医疗保险"沪惠保"的特药目录；在市卫健委、市医保局、申康中心等部门支持下，为《目录》产品在直接入院配备、直接赋予医疗器械医保编码等方面开辟了入院应用的绿色通道。

从整体规划指导到细节支持引导，上海集中精锐力量、加快发展生物医药产业，已经取得重要进展，2022 年上海生物医药产业规模达 8537 亿元。同时，上海新增 11 家在科创板上市的生物医药企业，累计已有 30 家上市企业，企业总数及募资总数均居全国第一。

邵俊斌对此深有体会，他认为，作为生命健康产业的一员，之江生物的发展离不开上海整体产业环境的滋润。他表示："首先，上海上下游配套的企业很多，这有利于我们更便捷地与同行交流，更快获得所需的原材料和技术，缩短研发周期；其次，我们的企业在发展过程中逐渐壮大，需要大批的研发人才，上海在生物医药及相关领域拥有充沛的人才资源，因此我们可以及时招聘到大量企业需要的人才；最后，上海是一座国际化大都市，开放包容，与国内外的交流很多，及时了解国际上先进的技术和行业标准，使得我们可以更好地与国际接轨。因此，扎根上海无疑对于企业的发展是理想的选择。我们的企业享受着上海在人才税收优惠等多方面的政策扶持，尤其近几年出台的更宽松的落户政策，一方面可以帮助企业招聘合适的人才，另一方面也可以帮助人才安心在公司工作，解决后顾之忧；税收优惠政策可以降低企业的运营成本，让企业能把更多的资金用于产品研发。"

邵俊斌认为，创新需要外环境——创新的政策土壤，也需要内环境——企业自身创新的实力与动力。在传统生物医药行业，坚持创新的周期长、投入大、风险也极高，因此，国内企业大部分采用跟随策略，极少有原创的产品。他建议："继续培植好创新的外部土壤，如推动高校、企业和医院之间的紧密合作与交流，采取更宽松且鼓励创新的机制，同时也激励企业的创新内生动力，如从创新产品的价格层面，加大创新回报，从两方面共同引导创新生态的良性发展。"

第七章
汽车产业

2014年5月，习近平总书记指出："发展新能源汽车是我国从汽车大国迈向汽车强国的必由之路，要加大研发力度，认真研究市场，用好用活政策，开发适应各种需求的产品，使之成为一个强劲的增长点。"10年来，我国汽车产业在新能源汽车高质量发展上取得举世瞩目的历史性成就，也为全球新能源汽车发展贡献了中国方案。

随着生产工艺和制造水平的不断提高，上海汽车产业正不断创新发展，已成为中国汽车产业的重要力量，未来应推动上海汽车产业与科技创新紧密结合，向智能化、电动化、网联化方向发展，并加强上海汽车产业与国际的交流合作。

第一节　建设汽车强国之路正拉开序幕

汽车产业是指以汽车制造、销售、维修、配件生产等为主要业务的产业。汽车产业是全球化经济领域中的重要组成部分，是建设制造强国的重要支撑，更是国民经济的重要支柱，具有产业链长、涉及面广、带动性强等特点。

汽车产业的发展历史可追溯到 19 世纪末期，当时的汽车是富人才能拥有的奢侈品。随着工业革命的推进，汽车制造技术不断改进，生产成本不断降低，汽车逐渐普及。"二战"后，汽车产业迎来了快速发展期，各国纷纷建立了自己的汽车工业体系，汽车成为人们日常生活中不可或缺的交通工具。随着行业的不断成长和发展，汽车产业已经成为世界经济的一支重要力量。目前，全球汽车产业主要集中在欧美、日本和韩国等发达国家和地区。其中，日本和韩国的汽车产业以小型车和豪华车为主，欧美的汽车产业则以豪华车和跑车为主。

中国的汽车产业在改革开放以来发展迅速，目前已成为全球最大的汽车市场之一。汽车产业的发展离不开科技创新，现代汽车已经具备了许多智能化功能，例如自动驾驶、智能停车、语音识别等。同时，环保意识的增强也促使汽车产业的重心移至新能源汽车的研发和生产，包括电动汽车、混合动力汽车等。

一、我国汽车产业走向高质量发展

当前，我国正由汽车大国迈向汽车强国。截至 2023 年，我国汽车产销总量连续 15 年稳居全球第一、新能源汽车产销连续 9 年位居全球第一。据汽车工业协会数据显示，2024 年 1—7 月，我国汽车产销分别完成 1617.9 万辆和 1631 万辆，同比增长分别为 3.4% 和 4.4%。2023 年，汽车产销累计完成 3016.1 万辆和 3009.4 万辆，比上年分别增长 11.6% 和 12%，产销量双双突破 3000 万辆，均实现较快增长。尽管受芯片结构性短缺、动力电池原材料价格偏高等因素影响，但政府出台了一系列稳增长、促消费政策，有效拉动汽车市场企稳回升，维持产销增长态势，为稳定工业经济增长起到重要作用。

根据 2023 年的数据显示，我国乘用车市场延续良好的发展态势，全年乘用车产销量分别达到 2612.4 万辆和 2606.3 万辆，同比增长分别为 9.6% 和 10.6%，产销量均创历史新高。特别值得一提的是，年轻一代的消费群体对汽车产品的附加属性愈加看重，汽车消费整体呈现升级趋势，乘用车市场价格结构走势持续上行，高端车型销售增长明显，继续保持两位数增长。全年高端品牌乘用车共销售 451.6 万辆，同比增长 15.4%，高于乘用车增速 4.8%，占乘用车销售总量的 17.3%，占比较上年提高 0.8%。受宏观经济持续回升向好、物流行业回暖升温、旅游市场强势复苏、海外出口市场需求旺盛等利好因素影响，加之 2022 年商用车产销位于近年来历史低位、同期基数相对较低，2023 年我国商用车市场企稳回升，实现恢复性增长，商用车产销累计完成 403.7 万辆和 403.1 万辆，比上年分别增长 26.8% 和 22.1%。

与此同时，我国汽车出口一直延续快速增长态势，2023 年，汽车累计出口 491 万辆，比上年增长 57.9%，占汽车销售总量的比重为 16.3%，较上年提升 4.7%。出口的高速增长为推动我国汽车产业高质量发展、畅通"双循环"新发展格局发挥了积极作用。

2017 年发布的《汽车产业中长期发展规划》指出，我国汽车产业的总体目标是经过 10 年的持续努力，迈入世界汽车强国的行列。具体而言，到 2025 年，新能源汽车骨干企业在全球的市场份额和影响力进一步提升，智能网联汽车领先于全球；形成数家进入全球前十的汽车零部件企业集团；数家中国品牌汽车企业的产销量进入全球前十；重点领域将全面实现智能化，汽车后市场及服务业在价值链中的比例达到 55% 以上；中国品牌汽车的全球影响力进一步提升；新车平均燃料消耗量乘用车降至 4.0 升 / 百公里，商用车达到国际领先水平，排放达到国际先进水平，新能源汽车的能耗达到国际领先水平，汽车实际回收利用率达到国际先进水平。此外，《汽车产业中长期发展规划》重点强调了突破重点领域，引领产业转型升级。

表 7-1　国家汽车产业集群发展规划及目标

汽车产业集群重点领域	发展规划	发展目标
新能源汽车	（1）加快新能源汽车技术研发及产业化； （2）实施动力电池升级工程； （3）加大新能源汽车推广应用力度	到 2025 年，新能源汽车占汽车产销 20% 以上，动力电池系统比能量达到 350 瓦时 / 公斤
智能网联汽车	（1）加大智能网联汽车关键技术攻关； （2）开展智能网联汽车示范推广	到 2025 年，汽车辅助驾驶（DA）、部分自动驾驶（PA）、有条件自动驾驶（CA）新车装配率达 80%，其中 PA、CA 级新车装配率达 25%，高度自动驾驶汽车和完全自动驾驶汽车开始进入市场
节能汽车	加大汽车节能环保技术的研发和推广	到 2025 年，乘用车新车平均燃料消耗量比 2020 年降低 20%、怠速启停等节能技术实现普遍应用

资料来源：第一财经研究院根据公开资料整理。

2020 年发布的《智能汽车创新发展战略》提出，到 2025 年，中国标准智能汽车的技术创新、产业生态、基础设施、法规标准、产品监管和网络安全体系基本形成；实现有条件自动驾驶的智能汽车达到规模化生产，实现高度自动驾驶的智能汽车在特定环境下市场化应用；智能交通系统和智慧城市相关设施建设取得积极进展，车用无线通信网络（LTE-V2X 等）实现区域覆盖，新一代车用无线通信网络（5G-V2X）在部分城市、高速公路逐步开展应用，高精度时空基准服务网络实现全覆盖。

2020 年发布的《新能源汽车产业发展规划（2021—2035 年）》中提出，到 2025 年，我国新能源汽车市场竞争力明显增强，动力电池、驱动电机、车用操作系统等关键技术取得重大突破，安全水平全面提升。力争经过 15 年的持续努力，我国新能源汽车核心技术达到国际先进水平，质量品牌具备较强国际竞争力。

"十四五"时期是我国汽车产业高质量发展的关键时期，我国汽车产业仍存在一些严峻挑战。一方面，全球经济增长放缓，消费者购买力下降，导致汽车销售下滑；另一方面，环保意识的增强也使得传统汽车生产和使用的环境影响受到社会关注。在双碳背景下，汽车行业正经历新一轮的变革。智能化、电动化和共享化是汽车产业的未来发展方向，这也是许多汽车企业正积极追求的目标。新能源汽车和自动驾驶技术的发展，将促进汽车产业的转型升级和创新发展。此外，我国汽车产业还存在一系列问题，包括品牌影响力较小、基础设施建设较为滞后、服务模式创新完善急需提升、关键核心技术方面创新能力不强、国际化发展程度不高等。

二、上海是国内汽车产业领头羊

从 2008 年开始，上海取得了国内外汽车制造业的一系列成就，特别是在新能源汽车、智能互联网汽车等领域，成为国内汽车产业的领头羊。

2022 年，上海市汽车制造业工业产值和出口值分别同比增长 9.3% 和 46.5%，其中新能源汽车产量和产值分别同比增长 56.5% 和 56.9%。2022 年年中汽车类零售额增长速度持续加快，但由于疫情影响等原因，全年汽车类零售额仍下降 3.7%。具体来看，全年燃油汽车类零售额下降 18.7%，而新能源汽车类零售额增长 59.4%。可以发现，由于中央和地方出台系列购车鼓励性政策以及双碳目标等叠加效应，较大地推动了新能源汽车等采用低碳技术汽车的销量。

在产品研发、生产供应以及人才培养方面，上海汽车产业都取得了较大进展。以上汽集团为例，在产品研发方面，推出的荣威 E50 是我国第一辆自主研发的新能源汽车，该车型于 2012 年在上海正式亮相并开始销售；此外，上汽集团持续运用数字化推动创新发展，领先智能互联网汽车研发领域，于全球首创互联网汽车新品类，包括自主研发的"斑马"和"i-Smart"车联网系统等；同时推进智能驾驶相关技术的商业化落地，例如"5G + L4 级智能驾驶重卡"以及全球首款整舱交互 5G 量产车"荣威 MARVEL-R"。在生产供应方面，上海已布局 8 家整车企业、600 余家国内外主要零部件企业；此外，上汽集团于上海建立了智能厂房，引进了智能装备、智能物流等先进技术，极大提高了产品的制造质量和生产效率。在人才培养方面，上海已集聚了超 15 万名汽车复合型高端人才，占全国的 22%；为吸纳更多高端人才，上汽工程研究院等多个研究机构在上海成立；同时与多所知名大学合作，以校招等形式招聘高校毕业生，培养高水平汽车产业技术人才和管理人才。

在产业发展的背后是各项规划政策的指引，《上海市先进制造业发展"十四五"规划》提出，汽车产业重点发展新能源汽车、智能网联汽车、整车及零部件等制造领域，延伸发展智慧出行、汽车金融等服务领域。

表 7-2 上海市汽车产业集群重点领域发展规划及目标

汽车产业集群重点领域	发 展 规 划	发展目标
新能源汽车	（1）以规模推广、能级跃升为重点，加快高性能动力电池、高功率密度驱动电机及控制系统等关键零部件和核心技术的攻关突破，支持上海市龙头企业发挥品牌和技术优势，加快推出市场认可度高、核心竞争力强的高端产品，打造具有国际竞争力的产品矩阵； （2）建设燃料电池汽车示范应用上海城市群，突破多类型整车产品，电堆、膜电极、双极板等关键零部件实现批量产业化，产业链整体技术水平达到国际领先，推动长三角地区燃料电池汽车产业创新发展； （3）在私人、公交、出租、公务、物流、环卫等领域，全面推广新能源汽车，完善充换电设施配套，加快加氢站建设	到 2025 年，显著提升新能源汽车产业竞争力，新能源汽车年产量超过 120 万辆，产业规模突破 3500 亿元
智能网联汽车	（1）以技术突破、拓宽应用为重点，加快突破复杂环境感知、新型电子电气架构、线控执行器系统等核心技术，推动车载视觉系统、激光/毫米波雷达、车规级芯片等关键零部件的研发和产业化，促进人工智能、高精度定位、5G 通信在智能网联汽车上的应用，打造国家智能汽车创新发展平台； （2）进一步拓展自动驾驶道路测试和应用场景，支持在城市快速路、高速公路、机场、港口、公交、园区、景区等特定场景开展测试和应用	到 2025 年，智能网联汽车总体技术水平和应用规模达到国际领先，实现特定场景的商业化运营

（续表）

汽车产业集群重点领域	发 展 规 划	发展目标
整车及零部件	（1）以加快转型、提升品牌为重点，在培育新能源汽车、智能网联汽车的同时，推动传统汽车整车及零部件企业强化研发创新，突破整车以及先进变速器、高效内燃机、汽车电子、轻量化材料等关键核心技术； （2）优化自主品牌产品结构，不断推出技术含量高、市场竞争力强的高端车型； （3）支持本市龙头企业加快国际化、品牌化战略提升，布局海外整车及零部件业务，形成技术、品牌双输出的国际化经营体系，推动全球高端车型在上海首发	到2025年，努力提升汽车全球话语权和市场份额，产业规模达到1万亿元
智慧出行	（1）以创新模式、完善基础为重点，支持上海汽车制造企业向出行服务和产品综合供应转型，以新能源汽车和智能网联汽车为主体，融合多种交通工具，建立网约汽车、租赁汽车、共享汽车、智能汽车为主体的出行体系； （2）加快道路交通设施及车辆配套设施的数字化升级和改造，建设"人—车—路—网—端—云"协同的基础设施； （3）引进培育一批平台服务、通信服务和基础设施提供商	到2025年，建设完善的智慧出行生态体系，建成具有全球影响力的智慧出行服务高地

资料来源：第一财经研究院根据公开资料整理。

为加快上海市新能源汽车产业发展，《上海市加快新能源汽车产业发展实施计划（2021—2025年）》于2021年2月7日印发，文件提出，统筹自主创新与开放合作，统筹推广应用与设施配套，统筹生产发展与回收利用，统筹政府支持与企业投入，到2025年上海市新能源汽车产业规模达到国内领先水平，核心技术攻关取得重大突破，加速实现绿色交通能源体系，明显提升网联化智能化应用能力，持续优化基础设施配套，不断完善政策体系。具体各项指标见表7-3。

表 7-3　上海市新能源汽车产业发展主要指标

新能源汽车产业发展目标	2025 年主要指标
产业规模国内领先	本地新能源汽车年产量超过 120 万辆；新能源汽车产值突破 3500 亿元，占上海市汽车制造业产值 35% 以上
核心技术攻关取得重大突破	动力电池与管理系统、燃料电池、驱动电机与电力电子等关键零部件研发制造达到国际领先水平。车规级芯片、车用操作系统、新型电子电气架构等网联化与智能化核心技术取得重大进展，形成完整供应链
绿色交通能源体系加速实现	个人新增购置车辆中纯电动汽车占比超过 50%。公交汽车、巡游出租车、党政机关公务车辆、中心城区载货汽车、邮政用车全面使用新能源汽车，国有企事业单位公务车辆、环卫车辆新能源汽车占比超过 80%，网约出租车新能源汽车占比超过 50%，重型载货车辆、工程车辆新能源汽车渗透率明显提升。燃料电池汽车应用总量突破 1 万辆
网联化智能化应用能力明显提升	有条件自动驾驶的智能汽车实现规模化生产，高度自动驾驶的智能汽车实现限定区域和特定场景商业化应用，智能交通系统相关设施建设取得积极进展，高精度时空基准服务网络实现全覆盖
基础设施配套持续优化	充换电技术水平大幅提升，设施布局持续优化，智能化、信息化运营体系基本建成。充换电设施规模、运营质量和服务便利性显著提高。建成并投入使用各类加氢站超过 70 座，实现重点应用区域全覆盖
政策体系不断完善	新能源汽车应用、加氢及充换电相关标准和监管体系基本成熟。智能汽车测试、示范应用、商业运营相关标准体系建设取得重大进展

资料来源：第一财经研究院根据公开资料整理。

2022 年，《上海市加快智能网联汽车创新发展实施方案》提出，到 2025 年，上海市初步建成国内领先的智能网联汽车创新发展体系。产业规模力争达到 5000 亿元，具备组合驾驶辅助功能（L2 级）和有条件自动驾驶功能（L3 级）汽车占新车生产比例超过 70%，具备高度自动驾驶功能（L4 级及以上）汽车在限定区域和特定场景实现商业化应用。核心技术研发取得重大进展，核心装备初步实现自主配套。大规模、多场景、高等级、多车型应用粗具规模，智慧交通生态加速融合。智慧道路基础设施实现重点区域覆盖，基本满足车路协同、智慧交通、智慧出行应用需求。规则、标准、监管体系实现突破优化，基本建成系统完善的智能网联汽车管理体系。

当前，上海汽车产业涉及整车、发动机、变速箱、动力电池、车身内外饰、车规级芯片、自动驾驶等领域，在新能源汽车、智能互联网汽车等方面表现突出。随着生产工艺和制造水平的不断提高，上海汽车产业正不断创新发展，已成为中国汽车产业的重要力量。

第二节　关注绿色化和智能化的产业发展

新能源汽车与智能汽车的发展带来汽车产业的巨大变革，也带来了广阔的发展机遇，上海应利用自身完善的产业链优势，应对外部日益加剧的竞争压力。

一、优势：政策优势、产业链配套完善

政策优势。近年来，上海市政府为汽车产业发展提供了一系列政策支持，包括鼓励投资、税收优惠、积极引进外资，提升制造基础设施等。例如上海市发展和改革委员会等印发的《关于促进本市汽车消费若干措施》、上海市发展和改革委员会制定的《上海市鼓励购买和使用新能源汽车实施办法》、上海市人民政府办公厅印发的《上海市加快新能源汽车产业发展实施计划（2021—2025年）》等。

产业链配套完善。上海的汽车产业链配套完善，包括整车制造、零部件制造、销售和售后服务等多个环节，同时还有技术研发和设计等支撑。从汽车产量规模来看，上海汽车产量总体呈现上升的趋势，据上海统计年鉴数据显示，2022年上海共生产302.45万辆汽车，相较2021年增长19.13万辆，其中新能源汽车98.86万辆。零部件制造方面，许多世界知名汽车零部件供应商都将中国区总部及工厂设于上海，如博世、采埃孚、麦格纳国际等公司均在上海设立了工厂。此外，上汽集团、上海通用等具有较高的市场占有率和品牌影响力的车企也扎根上海，使上海在汽车消费方面的区域集聚特征更为明显。

二、劣势：环保要求趋严、本土品牌竞争力不足

环保要求越发严格。自2019年7月1日起，上海已经开始实施轻型汽车国六排放标准，国六的一氧化碳和氮氧化物限值相比国五，分别加严50%和42%。2022年8月1日发布的《上海市环境保护条例》中也提及要逐步淘汰高污染机动车，鼓励购买和使用清洁能源机动车。随着双碳目标的提出和环保意识的提升，政府对汽车产业的环保要求愈加严格，车企在控排的同时还要增大对新能源汽车研发、生产、销售的投入，这无疑对上海的汽车制造企业造成了一定压力。

本土品牌竞争力不足。根据乘用车市场信息联席会发布的数据来看，2022年中国市场汽车厂商批发销量前三的汽车品牌分别是比亚迪、一汽大众和吉利汽车，而零售销量前三的品牌分别是比亚迪、一汽大众和长安汽车。尽管上海在乘用车销量方面居全国首位，但本土品牌批发零售销量皆未进入前三行列，加之特斯拉等国外品牌的销量

不断增长，上海汽车品牌的市场占有率有待提高。

三、机遇：新能源市场前景广阔、智能汽车快速发展、海外市场拓展

一是新能源汽车市场方面的机遇。上海为支持新能源汽车发展出台了一系列政策，例如《上海市鼓励购买和使用新能源汽车实施办法》中将"绿牌"政策延续至 2023 年年底，2023 年 9 月又出台《上海市搞活汽车流通扩大汽车更新消费若干措施》，延续实施新能源车置换补贴，《上海市加快新能源汽车产业发展实施计划（2021—2025年）》和《上海市碳达峰实施方案》中都强调了对新能源汽车的支持，《上海市提信心扩需求稳增长促发展行动方案》中明确了新能源等相关汽车免征车辆购置税以及给予纯电动汽车的财政补贴。上海市政府对发展新能源汽车做出了较大努力，这将为上海的汽车产业提供新的机会。

二是智能汽车的发展机遇。智能驾驶和互联网汽车的发展，将在一定程度上改变汽车产业的格局。上海在智能网联汽车产业方面有较为系统的规划，包括《上海市加快智能网联汽车创新发展实施方案》《上海市智能网联汽车示范运营实施细则》等一整套较为完备的智能网联汽车测试与示范、智能交通建设技术标准体系，涵盖了仿真测试、封闭场地测试评估、开放道路测试评估、测试与数据采集要求、信息安全测试等多个方面，还出台了《上海市浦东新区促进无人驾驶智能网联汽车创新应用规定》等上海市地方性政策。此外，上海人才聚集，科技创新能力较强，对加速智能汽车技术的研发和应用起到重

要贡献。

三是海外市场的机遇。上海的汽车产品在国内市场已有一定竞争力，海外市场将有更大发展空间。据上汽集团官网显示，2022年，上汽海外市场销量达到101.7万辆，同比增长45.9%，连续七年蝉联国内车企榜首，欧洲成为上汽首个"十万辆级"海外区域市场。MG品牌在澳大利亚、新西兰、墨西哥、泰国、智利等多国畅销，"中国汽车工业首款全球车"MG4 Electric（国内定名为MG MULAN），目前已在近30个欧洲国家上市，每月新增订单超过1万个。上汽大通MAXUS海外累计销量突破22万辆，在澳大利亚、新西兰、英国等发达国家的销量占比超过80%。上海能够充分发挥贸易环境和交通网络等优势，并将其转化为国际竞争力，相信在海外市场将蕴含更大机遇。

四、威胁：外部竞争压力加大、人才需求量大、智能化与数字化转型需求迫切

当前，越来越多的汽车生产企业涌入市场，使得市场竞争越发激烈。国内外知名汽车品牌的竞争使得上海汽车企业的市场份额越来越小。例如，根据中国汽车工业协会的数据显示，国内汽车品牌的市场占有率呈现下降趋势。同时，消费者越发关注车辆价格，对于价格的敏感度变高。国内外各大汽车厂商纷纷加大促销和折扣力度，导致市场价格竞争越发激烈。外部竞争压力的加剧，也让上海汽车产业在拓展国际市场、提高产品品质和技术水平等方面面临更大的挑战。为应对这种挑战，上海汽车产业需要采取更加积极的措施，如加强与国外汽车厂商的合作、推动产业转型升级、拓展海外市场等，才能够在激

烈的市场竞争中立于不败之地。

随着上海汽车产业的不断发展，人才需求量不断增加。然而，由于高校人才培养与实际市场需求存在较大差异，加之企业对人才的高要求，上海汽车产业在人才引进和培养方面面临着较大的挑战。上海汽车产业需通过多种渠道，加大人才引进和培养力度，同时加强企业和高校的合作，推动教育和企业需求的对接，打造具有竞争力的人才培养体系，助力上海汽车产业的持续发展。

全球汽车行业数字化和智能化转型浪潮的逐渐形成，使得上海汽车产业面临着智能化和数字化转型的挑战。消费者对于车辆的智能化和数字化要求越来越高，这意味着汽车产业需要不断提高技术水平，加强产品研发，推进智能化和数字化转型，以满足市场需求和提升产品竞争力。同时，智能化和数字化转型需要大量投资和技术支持，上海汽车产业需要通过加强与科研机构和高校的合作，积极引进优秀的技术人才，不断提升自身技术能力和核心竞争力，加快实现智能化和数字化转型，以更好地适应市场需求，推动上海汽车产业的可持续发展。

第三节　紧抓行业转型升级的历史机遇

上海汽车产业起步早，产业链配套完善，有着显著的发展优势。在整体产业升级的过程中，需关注产业科技创新，加强汽车产业的国际交流。

一、推进汽车产业智能化、电动化、网联化

推进上海汽车产业向智能化、电动化、网联化方向发展，是加快汽车产业转型升级的必然选择。首先，加强对新能源汽车技术的研发，为推进电动汽车产业化打下坚实基础。与新能源汽车企业共同攻克电池技术、电动驱动技术、充电技术等关键领域的技术难题，提高新能源汽车产品的质量和安全性。其次，要加快汽车智能化技术的研发和应用，促进传统汽车产业向智能化转型。在智能化技术的研发方面，应注重推动汽车与信息通信技术的深度融合，探索智能驾驶、车联网、人工智能等方向的发展。在智能化技术的应用方面，可以通过提供智能驾驶、远程维修、智能出行等高端服务，为消费者带来更加便捷、智能的用车体验。最后，推动上海汽车产业向网联化发展，推动汽车与互联网的深度融合。网联化可以提高汽车的智能化程度，同时也可以为消费者提供更加个性化、智能化的用车服务。在实际操作中，可以加强与互联网企业的合作，共同推进车联网、智能交通等领域的发展，努力打造智慧城市的样板示范。

二、推动汽车产业科技创新

为应对上海汽车产业发展面临的挑战，应推动汽车产业与科技创新紧密结合。一方面，通过加强与高校、科研机构的合作，提高上海汽车产业的技术创新能力和科技成果转化率，实现产业升级和转型发展。与高校的合作可以通过建立产学研联合创新平台，从而充分利用高校的科研力量和创新资源，进行技术研发和创新项目。此外，通

过建立联合研究院、工程实验室等机构，共同开展汽车领域的前沿研究，培养高水平的科研团队，推动科技创新在汽车产业中的应用。另一方面，应鼓励企业加大科研投入、人才投入，包括建立创新基金、科技奖励等激励机制，提高科技创新的积极性和创造力。通过吸引高水平的研发人才和专业技术人员，填补产业发展中的人才缺口，提升整体技术水平，吸引更多汽车产业相关人才加入上海汽车产业的科技创新。

三、加强汽车产业国际交流合作

加强上海汽车产业与国际的交流合作是推进上海汽车产业发展的路径之一。首先，加强国际合作平台的建设。建立汽车产业国际交流合作平台，吸引国际知名汽车企业、高校和科研机构参与合作，共同推动技术创新和产业发展。通过组织国际性汽车展览、论坛等活动，提升上海汽车产业的国际影响力，对接国际市场。其次，加强与国际汽车企业的沟通与合作。鼓励上海本地汽车企业与国际知名汽车企业开展合作项目，共同研发新技术、新产品，建立长期稳定的合作机制，推动技术、资源和市场的共享，提高产品质量和竞争力。同时，积极参与国际标准和贸易规则的制定，加强与国际组织的合作，参与制定国际汽车行业的技术标准和质量认证，争取获得更加公平、开放的市场准入条件及营商环境。

专栏　上海智能交通——从解决堵车做起

智能网联汽车是汽车产业发展的重要方向，也是智能交通系统、智慧城市体系的一个基本组成部分，其发展离不开智慧道路等基础设施的建设。隧道股份数字集团旗下上海智能交通有限公司是一家以行业为名称的公司，作为专精特新"小巨人"企业，为城市打造智慧公路、智慧快速路、智慧隧道、智慧管廊等新型基础设施，并提供与之相配套的综合管理平台。

上海智能交通有限公司成立于2017年，响应国家数字化转型的号召和要求而诞生。2020年《中国交通的可持续发展》白皮书（下称"白皮书"）发布，白皮书指出，以智慧交通建设推进数字经济、共享型经济产业发展，推动模式、业态、产品、服务等联动创新，提高综合交通运输网络效率，构筑新型交通生态系统。在国家数字化建设和交通强国的要求下，智能交通获得了进一步的发展。

1. 智能交通是做什么的？

近年来，数字技术飞速发展，应用领域越来越广，上海智能交通有限公司的主要业务涉及日常出行交通与管理的方方面面，可以概括为四大板块：

一是智能交通管理。智能交通可以有效提高交通管理部门调度管理水平，实现精细化管理。"关于智慧交通管理的业务模块，主要是面向公安交警和城市的道路交通管理部门，提升路网的交通效率，缓解拥堵，保障交通安全，比如说路口的信号灯优化，城市道路路网交通的运行等各方面的一些业务。"上海智能交通有限公司创始人常光照介绍。

二是智能交通设施。在交通基础设施的智能化方面，主要是面向道路、桥梁、隧道，包括城市路网提升智能化的建设和运营管理水平。

三是智能停车。智能停车业务主要是面向城市的停车用户和车位监管部门，建设智慧化的停车管理系统平台，将城市停车效率大幅提升，为市民实现便捷停车提供更多的支持。最终可以提供面向城市级静态交通管理的城市静态交通综合管理平台、路侧停车管理系统、区域停车综合管理系统等。

四是智能网联。智能网联领域主要是面向未来交通，为无人驾驶提供智慧路侧支持。目前全国各地包括上海各个区都已经开始建设智能网联无人驾驶的示范区和测试区。智能交通公司在这些区域的智慧化建设过程中提供相应的集成服务，包括产品和技术服务，为后续整个城市网联化，提供智慧路侧支撑和技术服务。路测宝是智能交通的核心产品之一，这是一整套路面健康快速巡检系统，面向道路养护单位及政府管理部门提供路面质量快速检测服务；全息感知边缘计算（MEC）设备，面向城市道路交通、高速公路建设管理部门提供车路协同路侧网联化服务等。

这四大板块相互融通，构成了智能交通的主要业务。

2. 用信息技术实现交通精细管理

如今，数字中国建设如火如荼，整个上海也在数字化转型的道路上日渐深入，在隧道股份的支持下，上海智能交通有限公司迅速发展，在上海1.3万公里的公路上发挥自己的聪明才智，在螺蛳壳里建道场，聚焦四大主营业务的同时，探索交通领域的大模型建设与应用，用信息技术实现精细化管理。

"通过我们自己的努力，能够为我们城市路网的交通基础设施的应急安全和运营管理提供支撑，提升路网效率。同时为交通安全保驾护航，也为整个城市创造一种智慧生活方式。"常光照在采访中表示。

以智慧停车为例，智慧停车的"智慧"体现在："智能找车位＋自动缴停车费"两个方面。打通停车资源与停车需求之间的时间和空间信息打通，相互匹配，这也是整个智慧停车得以实现的重点工作。此外，资源匹配效率高、响应速度快，才能让智慧停车迅速实现。

智能交通利用高位视频的方式，打造智慧道路停车场场景，自动完成数据采集、分析、结算等操作，建立集数据分析、信息交互、缴费、票据、运营、征信管理于一体的智能道路停车场模式。

除此以外，为了满足医院或者重要的办公楼附近旺盛的停车需求，智能交通公司统筹周边较为空闲的停车资源，通过打通时间和空间资源，形成错峰共享的新型停车模式，更为充分地利用停车资源。

"其实智慧交通的整个建设是一个永无止境的过程，需要逐步努力完善提升。"常光照表示："当然这里面有很多可以提升的余地，需要我们智能交通行业，协同整个法规、政策和市民素质的提升，共同去为我们城市的交通管理保驾护航做相应的提升。"

3. 自主培养和社会招聘协同　推进人才的梯队建设

上海智能交通有限公司成立短短六年，已经形成了自己独特的人才培养路线。

智能交通领域需要复合型的人才，信息技术、交通管理、自动控制技术等样样精通，同时还需要生产出接地气的产品，让产品能应用于人们的生活出行，解决实际生活中遇到的各种问题。因此，并没有一个专业是完全对口智能交通这个行业，智能交通公司为突破人才困境，采取自主培养与社会招聘相协调的方式，为自己补充新鲜血液。

通过招收优秀的人才，在公司内部结合业务和项目机会的历练与成长，快速培养出一个个能够独当一面的可用之才，让自身的业务需求与人才供给相匹配。

"我认为智能交通公司的团队也是我们最核心的资产之一，我们公司既有来自互联网大厂的优秀员工，也有从传统的智能交通企业引进的人才，更重要的是，我们基于在同济大学、上海交通大学、复旦大学，包括上海一些比较优质的学校，做相应的应届生的招聘和培养。2017年，公司刚成立时招的新人，到现在已经逐步成长为公司的骨干，甚至是逐步成为公司的核心人才，我认为这也是非常重要的一个人才培养的通道。"常光照谈及人才问题时如此表述。

第八章
高端装备产业

　　高端装备产业是工业现代化的重要基石，是科技创新的重要领域。推动高端装备产业创新发展，对于加快构建现代化经济体系、推动我国产业进步和相关工业发展、实现经济高质量发展等至关重要。

　　尽管我国高端装备产业发展较快，技术上取得了一定突破，形成了具有一定国际竞争力的产业集群，但距离真正的高质量发展仍存在一段距离，目前正处于向中高端迈进的关键时期。对于上海而言，融资压力和产业结构转型压力是高端装备产业发展的难题，未来仍需政府和企业的共同努力。

第一节　迈向深度和广度发展的高端装备产业

　　高端装备产业是指具备技术含量高、附加值高、数字化程度高等特点的装备产业，是装备制造业的高端领域，主要包括传统产业转型升级和战略性新兴产业发展所需的高技术、高附加值装备。

高端装备产业主要包括航空装备业、卫星制造与应用业、轨道交通设备制造业、海洋工程装备制造业、智能制造装备业五大细分领域。高端装备产业链较为复杂，集中反映一个国家科技和工业的发展水平。高端装备产业链涉及材料、研发、生产、销售、行业应用与服务等诸多环节，在生产制造过程要求高精密度、高安全性和高稳定度。高端装备产业技术更迭迅速。计算机集成制造系统的创新、机械自动化的创新，以及新一轮科技革命和产业变革，都为高端装备制造业的发展注入了强大动力。

2010 年，《国务院关于加快培育和发展战略性新兴产业的决定》将高端装备制造纳入战略性新兴产业，作为国民经济的支柱产业。

一、我国高端装备产业正向中高端产业链迈进

随着《中国制造 2025》的提出，我国高端装备制造业迎来蓬勃发展。我国高端装备制造业具有较大的市场规模，大规模、大产业链更有利于高端装备产业的发展，随着智能化、数字化的产业应用，产业体系不断完善。《国务院关于加快培育和发展战略性新兴产业的决定》中明确了战略节能环保、新一代信息技术、生物、高端装备制造、新能源、新材料、新能源汽车七大新兴产业。自此之后，国家又陆续出台了一系列高端装备产业相关扶持政策，如《高端智能再制造行动计划（2018—2020 年）》《"十三五"国家战略性新兴产业发展规划》等。"十四五"规划中同样明确提出发展战略性新兴产业，其中包含高端装备产业。随着国家相关扶持政策的陆续出台，我国高端装备领域成长型中小企业也逐渐增多。

　　针对各个细分领域，我国均有出台相应政策规划。智能制造是高端装备制造产业的主攻方向，信息技术与先进制造技术的日益发展加强了我国发展智能制造装备的深度和广度，以新型传感器、智能控制系统、工业机器人、自动化成套生产线为代表的智能制造装备产业体系初步形成，一批具有自主知识产权的重大智能制造装备实现突破。《"十四五"智能制造发展规划》中提出，到 2025 年，智能制造装备技术水平和市场竞争力显著提升，市场满足率超过 70%，并培育 150 家以上专业水平高、服务能力强的智能制造系统解决方案供应商。智能检测装备是智能制造的核心装备之一，《智能检测装备产业发展行动计划（2023—2025 年）》中提出，到 2025 年，智能检测技术基本满足用户领域制造工艺需求，核心零部件、专用软件和整机装备供给能力显著提升，重点领域智能检测装备示范带动和规模应用成效明显，产业生态初步形成，基本满足智能制造发展需求。《"十四五"医疗装备产业发展规划》中提出，到 2025 年，高端医疗装备产品性能和质量水平明显提升，初步形成对公共卫生和医疗健康需求的全面支撑能力。《"十四五"机器人产业发展规划》中提出，到 2025 年，我国成为全球机器人技术创新策源地、高端制造集聚地和集成应用新高地。

　　如今，我国装备制造业正处于向中高端迈进的关键时期，2012—2021 年，装备工业增加值保持中高速增长，年均增长率为 8.2%。2021 年底，装备工业规模以上企业达 10.51 万家，相比 2012 年增长近 45.30%。其中，资产总额、营业收入、利润总额分别达到 28.83 万亿元、26.47 万亿元和 1.57 万亿元，相比 2012 年分别增长 92.97%、47.76%、28.84%。2021 年，装备工业中战略性新兴产业相关行业实现营业收入 20 万亿元，同比增长 18.58%。

　　尽管我国高端装备制造业发展较快，技术上取得了一定突破，形成了具有一定国际竞争力的产业集群，但距离真正的高质量发展仍存在一段距离。高端装备是智能制造的执行基础，同时涉及大量硬件和软件。发达国家掌握着高端装备产业关键核心技术，根据工信部数据，130 多种关键基础材料中，32% 在中国仍为空白，52% 依赖进口。随着我国高端装备产业的快速发展，实现自主可控是大势所趋，未来高端装备产业将迎来关键机遇。

二、上海高端装备产业频现创新突破

　　高端装备产业是上海打响"四大品牌"、强化"四大功能"、加快产业数字化转型和先进制造业发展的重要支柱。

　　"十三五"期间，上海高端装备产业规模持续扩大、关键领域持续突破、产业生态不断优化。在产业规模方面，2020 年，上海高端装备产业产值达到 5800 亿元，占全市工业总产值的比例超过 15%。智能制造装备、民用航空航天装备、民用船舶与海洋工程装备以及新能源发电装备等发展迅速。其中，工业机器人产业规模居国内首位，商用飞机产业链粗具雏形，民用航空航天装备综合技术实力位居全国第一，风电、光伏等新能源发电装备不断增长。在关键领域方面，上海电气自主研发了世界最长的风电玻纤叶片、全球发电煤耗最低的 1000MW 级二次再热超超临界机组；我国首艘自主建造的极地科学考察破冰船在上海交付；C919 大型客机在上海实现首飞。总部位于上海的中国商飞启动 CR929 宽体客机的研制，并将 ARJ21 支线客机投入商业运营。此外，上海还实现了许多高端装备领域的突破，包括"天问一号"环绕器、双五轴镜像铣机床、正电子发射计算机断层显像系统（PET-CT）、超大直径隧道掘进机等。

然而，上海高端装备产业发展仍面临一些挑战和问题，融资压力和产业结构转型压力也是上海高端装备产业发展的难题。为解决这些难题，政府已经相继出台了一系列相关政策支持产业的发展。

《上海市先进制造业发展"十四五"规划》中提出，重点发展航空航天、船舶海工、智能制造装备、高端能源装备、节能环保装备、轨道交通装备、先进农机装备等制造领域，以及系统集成、智能运维等服务领域，并针对这些细分领域，分别进行了规划，明确了发展目标（见表 8-1）。

表 8-1 上海市高端装备产业集群重点领域发展规划及目标

高端装备产业集群重点领域	发 展 规 划	发展目标
民用航空	（1）以突破核心、集成创新为重点，推动新型支线飞机（ARJ21）规模化交付、单通道飞机（C919）实现适航取证和稳定量产、宽体客机（CR929）加快研制；（2）推进总装试飞、装机配套、生产支持、工装设备、发动机零部件、复合材料结构件制造等关键环节的技术研发和产品攻关，突破先进大涵道比大型涡扇发动机关键技术，加快培育本土大飞机产业链，提升国产化配套比重；（3）积极发展通用航空产业，加快布局无人机产业链，鼓励发展整机、发动机融资租赁和维修等航空服务业；（4）推动"一谷一园"平台建设	到 2025 年，构建全产业链条的民用航空产业体系，产业规模达到 600 亿元

（续表）

高端装备产业集群重点领域	发 展 规 划	发展目标
航天及空间信息	（1）以天地协调、融合协同为重点，瞄准商业运载火箭和商业卫星重点领域，突破低成本、高集成卫星设计研制，以及组网发射、可重复使用运载等关键技术，打造低成本航天器、运载、卫星智能化生产流水线，构建卫星互联网产业链；（2）大力发展卫星应用与位置服务，加强北斗导航在城市治理、智能交通、无人系统、大众消费等领域的规模化应用	到 2025 年，努力构建门类齐全、技术领先的航天产业体系，建成自主可控、多源融合的北斗创新策源地，产业规模超过 1000 亿元
智能制造装备	（1）以高端突破、提升性能为重点，突破 6 自由度及以上工业机器人关键零部件，全面提升高精密减速器、伺服电机及驱动器、控制系统等核心部件性能；（2）发展特色场景工业机器人和柔性协作机器人，加快培育手术机器人、康复机器人等服务机器人；（3）提升高端数控机床、增材制造装备、智能物流和仓储装备、智能检测和装配装备等领域的核心技术水平和关键零部件配套能力，加强在重点行业的规模化应用，做强智能制造系统集成服务	到 2025 年，打造成为全国智能制造应用新高地和技术策源地，产业规模超过 1800 亿元
高端船舶和海洋工程装备	以自主设计、系统配套为重点，大力发展大型邮轮、20000 标准箱（TEU）及以上集装箱船、大型／超大型液化天然气（LNG）船、液化石油气（VLGC）船、豪华滚装船、全自动化码头作业装备、海上油气开采加工平台、海洋牧场装备等高技术高附加值产品，加快突破设计、建造等环节的关键技术，推动海洋装备产业向高端设计前端和制造服务后端双向延伸，将长兴岛打造成为具备国际竞争力的专业化船舶和海洋工程装备总装制造基地	到 2025 年，建设成为国内最具实力的船舶和海洋工程装备研发、设计、总承包基地，产业规模达到 1000 亿元

（续表）

高端装备产业集群重点领域	发　展　规　划	发展目标
高端能源装备	（1）以主攻高端、自主研发为重点，大力发展气电、核电、煤电、风电、太阳能发电、智能电网及分布式能源装备；（2）重点研制具有自主知识产权的300兆瓦及以上F级重型燃气轮机装备，补强燃气轮机热部件本土化供应链，开发应用微型燃机与轻型燃机产品系列；（3）掌握具有自主知识产权的三代压水堆核电主设备制造技术，建设核能产业创新中心、核电高端装备研发中心等平台；（4）开发高效燃煤发电宽负荷灵活运行机组、高参数新型循环流化床燃煤锅炉，提升高效清洁煤电装备智能化水平；（5）提高10兆瓦及以上大型直驱海上风机技术水平，攻关深远海风电装备技术；突破高效大尺寸长晶、层压及新型高效电池工艺等设备，培育一批高能级的太阳能发电装备企业；（6）推进智能电网与分布式能源装备向高压化、智能化、电力电子化方向发展	到2025年，打造成为国内领先、具有国际竞争力的新能源装备基地，产业规模达到650亿元
节能环保装备	（1）以重点突破、绿色制造为重点，加快节能环保装备研发制造，突破重点领域关键装备、核心装置、新工艺等节能关键技术；（2）围绕生活垃圾、固废处置、大气污染防治、水处理、土壤修复、资源循环利用等领域，研发生活垃圾无害化处理、垃圾填埋场渗滤液安全处置、危险废物和医疗废物无害化利用处置等技术与装备，创新节能环保和资源循环利用服务方式	到2025年，节能环保装备产业规模达到1000亿元，节能环保产业营业收入达到2500亿元
高端装备服务	（1）以系统集成、智能运维为重点，促进高端装备、核心软件、工业互联网集成应用，支持装备制造企业、自动化工程公司、信息技术企业从产品供应商向系统集成和整体解决方案提供商转型；（2）推动装备领域专业维修向智能运维升级，结合大数据、物联网等技术，增强设备检测、故障预警与运行维护的智能化水平；鼓励金融机构对不同发展阶段的装备企业，提供个性化融资租赁、保险等服务	到2025年，努力建设成为全国装备领域系统解决方案输出地

资料来源：第一财经研究院根据公开资料整理。

2021年12月20日，《上海市高端装备产业发展"十四五"规划》发布，该文件提出，到2025年，上海市高端装备产业规模持续扩大、综合实力稳步提升、新兴技术深度融合、基础能力显著增强，初步建成具有全球影响力的高端装备创新增长极与核心技术策源地，具体各项指标见表8-2。

表8-2　上海市高端装备产业"十四五"规划主要指标

高端装备产业发展目标	2025年主要指标
产业能级进一步提升	推动智能制造装备、航空航天装备、舶海海工装备、高端能源装备等优势产业创新升级，节能环保装备、高端医疗装备、微电子装备等重点产业快速增长。重点细分领域从国际"跟跑""并跑"向"领跑"迈进，上海市高端装备产业工业产值突破7000亿元，市级特色产业园区数达到20家以上
创新能力进一步增强	围绕高端装备核心部件、整机集成、成套系统，建设国家和市级企业技术创新中心100个，实现关键装备与核心部件首台（套）突破300项。规上企业研发支出占营业收入平均达到2%以上
数字水平进一步提高	5G、人工智能、工业互联网、大数据等新兴技术与高端装备融合程度进一步加深，智能制造新模式应用进一步普及，工厂数字化程度进一步提高，建设高端装备市级智能工厂40家以上

资料来源：第一财经研究院根据公开资料整理。

第二节　以数字化转型和智能制造作为发展抓手

上海高端制造业发展迅速，但在关键技术领域仍存在相对薄弱的部分，需进一步完善创新举措，聚焦前沿技术，以数字化转型为契机，推动智能制造的进一步发展。

一、优势：产业集聚优势、高端人才优势、市场需求优势

上海吸引了大量的高端装备制造企业和研发机构，这些企业和机构的集聚形成了完整的产业链和强大的协同效应。上海的金融体系和资本市场发达，为企业的融资和发展提供了广阔的空间。此外，上海还拥有一批优质供应商和合作伙伴，形成了完整的产业生态系统。通过产业集聚，上海高端装备产业形成了规模化生产、专业化分工和密切的合作关系，提高了整体的竞争力和创新能力。企业可以共享资源、共同研发，降低成本、提高效率。同时，产业集聚还带动了相关产业的发展，形成了产业链上下游的互动和协作，以及良性循环。

上海注重招才引才，拥有一批高水平的科研院所和高校，为高端装备产业的技术创新提供了强有力的支持。上海积极鼓励企业培育和引进高层次的科技人才，加大研发投入，推动科技成果转化，并建立了一系列科技创新平台和孵化器，为高端装备产业的发展提供了强大动力。高端装备制造企业与科研院所和高校形成紧密合作关系，开展联合研发和技术转移，促进了科技成果的产业化，提升了企业的创新能力和市场竞争力。

作为中国经济发展的重要引擎之一，上海拥有庞大而多样化的市场需求。高端装备产业作为支撑各行业发展的重要力量，受到市场广泛关注。上海的金融、航运、科技等行业对高端装备的需求旺盛，推动了高端装备产业的快速发展。例如，金融行业需要高性能的数据中心设备和安全设备，航运行业需要先进的船舶装备和港口设施，科技行业需要高精度的仪器设备和智能制造技术等。此外，上海还是国际

展会、会议和商务活动的重要举办地，吸引了来自全球的商业机构和采购商，也为上海高端装备产业提供了广阔的市场拓展机会。

二、劣势：贸易壁垒限制、关键技术领域创新不足

上海高端装备产业发展的劣势之一是贸易壁垒的限制。贸易壁垒包括国际贸易规则、关税和非关税措施等形式的限制，这些国际贸易规则的限制对上海高端装备产业的发展造成了一定的不利影响。例如，一些国家采取了保护主义政策，实施贸易壁垒，限制了上海高端装备中间品或资本品的进口，加大了产成品出口难度。此外，国际贸易规则的复杂性和差异性也给企业带来了贸易合规和法律风险的挑战。关税和非关税措施也对上海高端装备产业的国际竞争力产生了一定的影响。一些国家对高端装备产品征收高额关税，增加了产品成本，削弱了企业在国际市场的竞争力。同时，非关税措施如技术壁垒、标准要求、认证程序等也给企业的出口和市场准入带来了一定的限制和难度。

尽管上海注重科技创新，并在一些领域取得了重要成果，但在某些关键技术领域仍存在技术创新能力相对薄弱的问题。高端装备产业对于前沿技术的需求较高，需要不断推动科技创新和研发能力的提升，以应对快速变化的市场需求和技术进步的挑战。例如，上海舜华新能源系统有限公司专注于氢系统整体解决方案、关键装备的提供以及氢能供应生态系统的构建，该公司在我们调研中表示，在关键工艺方面还需要一些政策倾斜。除了新能源领域，在新材料、先进制造技术、智能控制系统等领域，上海高端装备产业也需要加大研发投入，

提升技术创新能力。同时，上海高端装备产业在创新机制和科技成果转化方面也存在不足。创新需要良好的创新生态和创新体系支持，包括科研院所、企业、高校等各方的紧密合作与协同创新。上海需要进一步完善创新环境并提供相关政策支持，鼓励企业加大研发投入，培育和引进高水平科研人才，推动科技成果的转化和应用。国际市场对于知识产权保护的要求也给上海企业带来了挑战。高端装备产业依赖于技术创新和知识产权的保护，而一些国际市场存在侵权和不公平竞争的问题，给上海企业的技术创新和市场拓展带来了不确定性和风险。

三、机遇：数字化转型和智能制造

随着信息技术和人工智能的迅猛发展，数字化转型和智能制造成为了全球制造业的重要趋势。上海高端装备产业可以借助数字化技术和智能制造的机遇，加快产业升级和转型。数字化转型为高端装备产业提供了巨大的发展机遇。通过数字化技术的应用，可以实现生产过程的精细化管理、资源的优化配置和智能化决策，提高生产效率和产品质量。同时，数字化技术也为高端装备的设计、研发和测试提供了更加精确和高效的工具和手段，推动创新能力的提升和新产品的开发。智能制造的推动为上海高端装备产业带来了广阔的发展空间。通过融合物联网、大数据分析和人工智能等技术，可以实现装备的智能化和自动化生产。智能制造不仅可以提高生产效率和产品质量，还能够满足个性化定制和柔性生产的需求，适应市场的快速变化和个性化需求。

四、挑战：资金压力、产业结构转型压力

　　上海高端装备产业发展还存在一定的资金压力。高端装备产业的研发投入和技术升级需要大量的资金支持，使得企业面临一定的压力。例如，上海乐研电气有限公司在密电器领域做了许多创新工作，但由于上海的人力和土地成本居高不下，企业在整体制造方面的成本较高。在降低高端制造企业整体成本方面，还需要政府做一些工作。此外，尽管上海拥有发达的金融体系和资本市场，但对于创新型、初创型企业来说，融资渠道仍存在一定的瓶颈。由于高端装备产业的技术含量高、投资规模较大，传统的融资渠道往往难以满足企业的需求。同时，风险投资和创业投资对于高端装备产业的支持相对较少，这使得企业在资金筹措方面面临一定的挑战。此外，由于高端装备产业的研发周期较长，投资回报周期相对较长，投资风险也较高。这使得一些投资机构对于高端装备产业持谨慎态度，对于投资项目的选择更加谨慎，对于初创企业的融资支持也较为有限。

　　随着全球经济形势的变化和技术进步的推动，上海的高端装备产业正面临着结构调整和转型升级的挑战。在过去的发展中，部分企业可能过度依赖传统的中低端产品，面临着市场需求下降和竞争加剧的压力。这要求上海的高端装备企业加强技术创新，提升产品质量和附加值，转向更高端、更具竞争力的市场。此外，技术创新和研发投入需要大量的资金和人才支持，对企业的经营和资金链条提出了更高的要求。转型升级可能需要进行产业布局调整、企业重组等重大改革措施，这需要政府、企业和相关方面的协同合作和资源整合。

第三节　关键领域的创新助力产业长远发展

高端装备产业以技术创新为根本推动力，上海的高端装备产业企业集聚，已经形成了一定的规模效应。在面临产业向数字化转型和智能制造方向发展时，关注产业链中关键领域的技术支持与创新，能够促进产业顺利转型。

一、加强关键技术领域创新

政策方面需要向关键工艺方面倾斜，包括顶层设计和协调规划。加强关键技术领域创新可以通过加大研发投入、加强产学研合作、吸纳培养高端人才以及加强知识产权保护等方式。第一，要加大研发投入。上海政府可以增加财政投入，提供更多的研发经费和项目资助，鼓励企业加大研发投入。同时，建立科技创新基金和风险投资基金，为创新型企业提供资金支持，促进高端装备领域的技术创新。第二，要加强产学研合作。上海高校和科研院所应加强与企业的合作，搭建产学研联合创新平台。政府可以设立奖励机制，鼓励高校和科研院所与企业合作开展技术研发和转化，促进科技成果的产业化应用。第三，要吸引和培养高端人才。政府可以出台人才引进政策，吸引国内外优秀的科技人才和创新人才到上海从事高端装备产业的研发和管理工作。同时，加强人才培养和技能提升，建立完善的人才培训体系，为高端装备产业提供人才支持。第四，要加强知识产权保护。政府应加大知识产权保护的力度，建立健全的知识产权法律体系。加强知识产权意识教育，培养企业的知识产权意识和保护能力。同时，加强知识产权合作与交流，促进国际间的知识产权保护合作。

二、优化融资环境

为缓解上海高端装备产业的融资压力，需要采取一系列措施来提供更多的资金支持并优化融资环境。第一，政府可以加大对高端装备产业的财政支持。通过设立专项资金、扶持基金或科技创新基金，提供直接的资金支持，帮助企业降低研发成本和融资压力。政府还可以提供税收优惠政策，减轻企业负担，促进企业的投资和发展。第二，鼓励金融机构加大对高端装备企业的信贷支持。政府可以引导银行和其他金融机构设立专门的贷款产品，针对高端装备产业提供低息贷款、担保支持和融资拆借等金融服务。第三，推动创新金融工具的发展。政府可以引导金融机构创新金融产品，如股权融资、债券融资、科技创新板等，为高端装备企业提供多样化的融资渠道。此外，支持发展风险投资和股权投资市场，吸引更多的风险投资机构和私募基金进入高端装备产业，为企业提供风险投资和股权投资支持。第四，加强政府与企业的合作，促进公私合作融资模式的发展。政府可以与企业共同设立基金，共享风险和收益，为高端装备企业提供长期稳定的资金支持。政府还可以通过政府采购和项目合作等方式，提供订单和市场保障，增加企业的盈利能力和融资渠道。

三、优化产业结构转型升级

为了应对上海高端装备产业的产业结构转型压力，需要采取一系列措施促进产业结构的优化和转型升级。第一，政府可以出台产业政策引导，推动高端装备产业与新兴产业和服务业的融合发展。鼓励企业在智能制造、物联网、人工智能等领域进行技术创新和产业布局调整，培育新的增长点和市场空间。同时，促进传统产业与高端装备产业的协同发展，加强产业链条的衔接和协同创新，提高整体产业链的竞争力。第二，推动企业进行结构调整和转型升级。政府可以提供政策支持和资金引导，鼓励企业进行技术改造和设备升级，提高产品质量和附加值。同时，加强企业管理和运营能力的培训，提升企业的市场竞争力和管理水平。政府还可以加大对中小企业的支持力度，帮助它们更好地适应产业转型。第三，加强国际合作和技术引进。政府可以促进国内外企业之间的合作交流，推动技术引进和合作创新。通过引进先进的生产技术和管理经验，提高上海高端装备产业的技术水平和国际竞争力。同时，加强与国外科研机构和高校的合作，引进优秀的科研人才和项目资源，促进创新能力的提升。第四，加强人才培养和引进是关键。政府可以加大对高端装备产业人才的培养投入，建立高水平的人才培训体系，提供符合产业需求的人才供给。同时，出台政策措施吸引国内外优秀的人才到上海从事高端装备产业的研发和管理工作，增强产业的创新力和竞争力。

专栏 乐研电气——电网绝缘气体密度监测的开创者

电网的安全运行关乎民生，更是国家安全的重要组成和保障。气体密度监测及其校验是维护电网安全运行的关键环节之一。上海乐研电气有限公司（简称"乐研电气"）正是一家专注于电网绝缘气体密度监测的公司。

乐研电气创办于 2006 年，英文名是 ROYE。其中，R 是 Research（研究），O 是 Operation（运营），Y 是 Young（年轻），E 是 Excellent（卓越）。乐研电气创始人、董事长金海勇介绍，英文名 ROYE 与中文乐研的读音很接近，并且公司具有年轻、蓬勃向上的朝气，重视研发和运营，且旨在为客户提供卓越品质的产品和服务，乐研 ROYE 也由此得名。

"要保证电网运行的设备，即六氟化硫（SF_6）气体密度继电器的性能是可靠的，这样才能保证我们的电气设备可靠地运行。"金海勇说。

气体密度继电器其实是一种特殊的压力表，它能够在测量压力的同时修正温度对压力的影响，用修正后的压力表征气体密度。在绝缘气体密度监测领域，乐研电气做了很多首创性的工作。

1. 深入行业空白领域，创造多个"第一"

金海勇介绍，在公司成立初期，气体密度继电器校验是国内电力市场中比较空白的地方。在发现领域空白点后，乐研电气瞄准气体密度监测的细分领域，踏上了攻关技术瓶颈的创新之路。

国内第一个气体密度继电器校验仪就是由乐研电气团队人员研发的，此后这个产品也成为了整个电力系统的标配。在密度继电器校验仪之后，乐研电气又发现了机遇。早期国产密度继电器普遍存在质量问题，金海勇认为这个领域是存在机会的，便把握机遇，开始做气体密度继电器。从远传密度继电器到自校验/自诊断的密度继电器，再到深度参与行业标准的制定，乐研电气不断沿着创新这条路前进，成长为高端装备产业的"小巨人"企业。

自此，全国许多省市电力工程建设项目都有了乐研电气的身影。宁夏吴忠 110 kV 金银滩站就是一个典型的例子，由于该站距离当地市区较远，给运维工作带来很大不便，特别是无法实时掌握开关气室的密度值及漏气情况，无法即时进行补气。乐研电气对其开关进行了密度继电器无线监测系统改造，将原有机械式密度继电器升级为带无线远传功能的密度继电器，通过云端或手机APP即可实时掌握现场 SF_6 电气设备运行情况及变化趋势，提前发现设备漏气情况，且运维人员无需到现场，在极大减轻运维工作量的同时，保障开关设备的安全运行。

2. 创新需要资金投入和人才队伍

金海勇说，创新意识是乐研电气始终坚持的，公司更多的是在产品的功能和质量方面下功夫。"我们做了很多创新，但是这点是非常难的，因为创新意味着投入。"

尽管创新需要大量投入，但对于上海的高新技术企业来说，也是一种融资的途径。乐研电气在 2021 年 11 月与上海农村商业银行黄浦支行合作，用 7 项核心发明专利质押融资贷款 700 万，以保证充足的现金流。因还款及时、信誉良好，公司又获得 1000 万的知识产权质押融资。乐研电气表示，知识产权质押融资模式在助力企业纾困解难的同时，帮助企业将"知产"变成"资产"，能够实现对企业高价值知识产权的最大化运用，推动企业开展高价值专利创新。

公司创新研发的动力不仅源于对技术研究的热衷，也少不了科研人才队伍的建设。"我们会跟很多电科院，包括中国电科院，南网电科院还有很多省级的一些电科院，我们会跟他们进行合作，能够更好地进行成果转换，同时也使我们的创新能够更好，更加贴近实际，而不是说我们在闭门造车。"正如金海勇所说，产学研的紧密合作能够使创新贴近实际，从而推进产品的更新及创新速度。高校的学术研究能够解决技术难点，企业再将理论转化为实际，让新产品落地，从而推动行业不断发展。

3. 推进海外市场与可持续发展并行

海外市场方面，乐研电气有继续推进的打算。从趋势来看，海外正慢慢接受"中国工业制造"。"我们的产品质量其实现在已经是大幅提高了。"乐研电气已有一家做海外市场的子公司，产品出口至瑞士、意大利、法国、印度等国家。对于高端制造企业在推进海外市场过程中需要破除的壁垒，金海勇认为，一方面对待国外客户需要沟通和耐心，另一方面要加强品牌建设和产品技术。金海勇表示今后将与国际公司一起积极开拓海外市场，通过互联网平台、展会等渠道加大品牌宣传力度。

乐研电气在环境、社会、公司治理（ESG）方面也有一定的计划。公司已贯标认证 ISO14001 环境管理体系和 ISO45001 职业健康安全管理体系。在调研中，金海勇说，尽管更多地关注环境和社会问题后会导致企业成本的增加，但从长远的角度来看，可持续发展对企业是有益的，包括产品质量、工作环境、客户满意度等都能得到改善。此外，金海勇透露，现在公司已经有实现碳中和的打算，未来会全方位将 ESG 要素纳入企业管理体系的经营实践中，提升企业的可持续发展能力和市场竞争力。

在金海勇看来，上海对于高新技术企业和专精特新企业有着较大力度的政策支持，包括人才扶持政策等在内都为企业发展提供了较大的帮助，但是在厂房用地成本和工人住房问题方面，企业还存在一定需求。乐研电气提出，希望政府能够降低高端制造企业的厂房用地成本，由于市场需求量的日益增大，公司产值和产能将会随之不断提升，但因厂房面积有限，可能会造成产能供应不足、交付滞后。此外，在住房问题方面，乐研电气希望政府加大不定向人才公寓的普及力度，从而惠及更多中小企业。

专栏　舜华新能源——用20年做全氢能供应链

氢气作为一种二次能源，在交通、工业、建筑和电力等领域有着广阔的应用前景。上海舜华新能源系统有限公司（简称"舜华新能源"）就是一家氢能领域的国家级专精特新"小巨人"企业，提供氢系统整体解决方案、关键装备以及氢能供应生态系统的构建服务。

由于氢气易燃易爆的特性，不少人往往会谈"氢"色变。"氢它是一个很轻的气体，在空气当中它的释放速度，向上的速度可以达到每秒20米，也就是说很难集聚的。你一打开它就跑掉了，所以它很难满足爆炸的条件。

实际上从这个角度来讲，（氢气）比天然气，比汽油都更安全。"关于氢的安全问题，舜华新能源董事长高顶云解释道，氢气出现爆燃情形都是处于密闭空间，由于氢是世界上已知的密度和相对分子质量最小的气体，较难集聚和密封，因此在某种程度上来说比天然气、汽油等燃料更为安全。

近年来，氢能产业相关政策的不断出台促使了我国氢能产业快速发展（见表8-3）。氢燃料电池汽车是氢能应用环节最具前景的技术路线之一。根据中国汽车工业协会的数据，2023年全国氢燃料电池汽车产销分别为5631辆和5791辆，分别同比增长55.3%和72.0%。此外，《中国氢能源及燃料电池产业发展报告2022》显示，2022年中国氢燃料电池汽车保有量达12682辆，同比增长约36%；建成加氢站358座，同比增长超40%。根据中国氢能联盟预测，2025年，我国氢能产业产值将达到1万亿元。《氢能产业发展中长期规划（2021—2035年）》中提出，到2025年，燃料电池车辆保有量约5万辆，部署建设一批加氢站。利好政策的出台进一步拓宽了氢燃料电池汽车产业发展前景，不断加快了像舜华新能源这类中小企业的成长。

表 8-3　我国氢能相关政策文件

发布时间	政策文件	相关内容
2019 年 3 月	《政府工作报告》	在公共领域加快充电、加氢等设施建设
2020 年 4 月	《中华人民共和国能源法（征求意见稿）》	拟将氢能列入能源范畴
2020 年 9 月	《关于开展燃料电池汽车示范应用的通知》	对符合条件的城市群开展燃料电池汽车关键核心技术产业化攻关和示范应用给予奖励
2021 年 10 月	《关于完整准确全面贯彻新发展理念做好碳达峰碳中和工作的意见》	统筹推进氢能"制—储—输—用"全链条发展
2022 年 3 月	《氢能产业发展中长期规划（2021—2035 年）》	氢能被确定为未来国家能源体系的重要组成部分和用能终端实现绿色低碳转型的重要载体，氢能产业被确定为战略性新兴产业和未来产业重点发展方向
2022 年 10 月	《能源碳达峰碳中和标准化提升行动计划》	开展氢制备、氢储存、氢输运、氢加注、氢能多元化应用等技术标准研制，支撑氢能"制储输用"全产业链发展
2023 年 7 月	《氢能产业标准体系建设指南（2023 版）》	系统构建了氢能制、储、输、用全产业链标准体系

资料来源：第一财经研究院根据公开资料整理。

1. 从建设加氢站开始不断突破

舜华新能源成立于 2004 年，是上海市政府长期支持的唯一一家专业从事氢系统技术的科技公司，业务领域覆盖加氢站、车载储氢、制氢、分布式能源以及核电等领域。

"公司起步于国家高技术研究发展计划项目，课题的名称叫高压氢气加注技术的研究以及安亭加氢站的建设，最终的成果就反映在这个安亭加氢站。"高顶云介绍，安亭加氢站是舜华新能源于2007年建成的上海首座加氢站，持续运行到现在已经17年，是国内运行时间最长的加氢站，甚至一些标准和规章制度的建立都源于安亭加氢站的实践验证。

目前，舜华新能源已在全国累计建设大约81座加氢站，数量占据国内加氢站的四分之一左右。2020年国家电投和2021年中石化的加入使得公司的央企股份提升到了40%。大型央企的战略投资也推动了管理机制与营业收入的提升。在央企资金的支持下，舜华新能源进入快速发展期。

2."剥洋葱"式的研发

从做系统技术拓展到开发关键工艺，舜华新能源的业务领域不断拓宽。核心部件的研发一直是我国发展高端装备领域的关键环节。在这方面，舜华新能源采用了"剥洋葱"的方式，就是通过项目的实践，逐渐攻克一个个核心零部件。"剥洋葱先易后难，逐步把一些核心的零部件、装备攻克。"安亭加氢站就是其中一个典型的例子。据高顶云所述，安亭加氢站刚建成时，里面所有的设备都来自美国、加拿大、欧洲等国家和地区，甚至技术指导也源于国外。但经过"剥洋葱"，舜华新能源渐渐开发自主技术，开发研制出了原创型产品。

在不断努力下，舜华新能源突破了高压供氢、储氢关键技术，建成了一套从气源到加氢站到燃料电池汽车的"车站联动"的商业创新模式。车站联动模式是联合氢源供应企业、新能源汽车运营企业、行业龙头企业等伙伴共同投资建设加氢基础设施的运营平台，选取具有核心价值的加氢站由该平台进行投资建设运营，由舜华新能源为加氢站提供技术服务和加氢设备。

除了与企业合作，舜华新能源还与各地方政府开展合作项目，发展当地氢能。例如，与新疆乌鲁木齐市政府合作，在地方政府支持下建设了新疆第一座加氢站并示范运行了两辆燃料电池客车，推动新疆地区可再生能源电解水制氢项目的开展，推动氢能在新疆地区的示范应用。

3. 打通氢能上下游产业链是关键

氢气分为灰氢、蓝氢和绿氢。灰氢是指通过化石燃料燃烧产生的氢气，碳排放强度高；蓝氢是在灰氢的基础上，应用碳捕集和封存技术（CCS），实现低碳制氢；绿氢则是通过太阳能、风能等可再生能源发电进行电解水制氢，制氢过程中几乎不产生碳排放。其中，制备绿氢能够帮助可再生能源的大规模消纳，是一条重要的清洁能源技术路径。在产业链下游充分使用绿氢既能实现环保的初衷，又能为国家制定的双碳目标作出贡献。对于目前氢能推广和使用方面存在的问题，高顶云认为，打通氢能上下游产业链是关键。

"因为我们的最大的可再生能源资源基本上都集中在西北、华北、东北这些地方，例如内蒙古、新疆等，那边有大量的光伏电。但是光伏电要远距离输送，现在我们通过特高压进行输送的能量还是有限，这是一方面。另外一方面是光伏电或者风电具有不确定性，所以使得在上网的过程当中会碰到很多难点。"高顶云分析，通过一般的汽车等交通工具进行远距离运输效率很低，从长远来讲，应该通过类似天然气西气东输的这类管道进行运输，在降低成本的同时提高运输效率。"但这有一个建设和发展过程，上游的氢的量还没上来，下游的场景也没有足够多，也很难推动管道的大规模建设。"氢能的发展依然需要时间的磨砺。

由于国内氢能汽车仍处于发展初期，加氢站在运行过程中也存在一些挑战。据公司透露，各地区加氢站站点实际运营情况差别较大，在氢源、车辆投运充足的地区，加氢站能够可持续健康运营，甚至实现盈利，如上海金山化工区加氢站、浙江平湖滨海大道加氢站。但在氢源、投运车辆不稳定的地区，氢气价格较高、站点"吃不饱"等问题导致加氢站亏损加剧、负荷率降低乃至停运。如何平衡氢气价格与市场需求也是今后加氢站建设运行的一大难题。

此外，由于加氢站尚未规模化，土地规划较难获得审批，目前的操作方法是在原来加油站的基础上腾出一块地建设加氢站，但这又涉及氢能燃料汽车行驶路线问题。我国率先发展的是商用氢能燃料汽车，商用车行驶路线较为固定，且加氢站的选址无法控制，造成"有站缺车子，有车子没站"的现象，氢能燃料电池汽车与加氢站供需匹配的问题日益凸显。

在目前发展过程中，公司面临的主要挑战是高端装备市场的激烈竞争导致市场订单获取存在一定困难，尤其是上海以外的区域。"有一些地方规定落产线才能拿订单，对于舜华这样轻资产前行的企业困难不小。"

专栏　节卡机器人——从牛奶包装起步，解放人类双手

人口红利逐渐消失，劳动力成本日益上涨，在现代工业中，机器人逐渐成为不可或缺的一部分，它们从完成简单重复的工作开始，逐渐承担着越来越多的任务，在这一过程中，随着需求的进一步细分和明确，工业机器人发展的大树开始开枝散叶。

在我国发布的《"十四五"机器人产业发展规划》中，

工业机器人包括："面向汽车、航空航天、轨道交通等领域的高精度、高可靠性的焊接机器人，面向半导体行业的自动搬运、智能移动与存储等真空（洁净）机器人，具备防爆功能的民爆物品生产机器人，AGV、无人叉车，分拣、包装等物流机器人，面向3C、汽车零部件等领域的大负载、轻型、柔性、双臂、移动等协作机器人，可在转运、打磨、装配等工作区域内任意位置移动、实现空间任意位置和姿态可达、具有灵活抓取和操作能力的移动操作机器人。"其中协作机器人是重要分支，是社会生产与生活发展到新的阶段时，为满足更多与人协作的场景需求下诞生的产物。

与传统工业机器人相比，协作机器人通常拥有着轻巧的外形和柔性结构，能够与人类紧密配合完成工作，其在安全性上要高于普通工业机器人，灵活性与适应性更强，更容易根据任务内容进行有针对性的调整或者编程，因此协作机器人被大量用于为人类提供助力，进行组装、装配、包装、材料处理等各项工作。

节卡机器人至今已经发展至第十个年头，其起步于牛奶礼盒的包装，此后一步步顺应全球市场的需求，经历了技术产品化、产品场景化、市场化和规模化的高速发展，目前已推出7大本体系列协作机器人、2大感知系列产品，在协作机器人领域中，跻身第一梯队阵营。

1. 节节胜利 上下求索

节卡机器人，取名节卡两字，有中文和英文两个层面的含义，一方面，"节"是指希望在创业的路上节节胜利，另一方面，"卡"是指上下求索的过程，节卡人知道创业是艰辛的，过程是曲折的，但还是一往无前，往前去走。而英文名"JAKA"指的是"Just Always Keep Amazing"，即永葆卓越。

高人工成本的乳品包装环节，让创始人李明洋看到了其中的潜在商机：如何通过自动化技术实现包装环节的智能生产，实现解决劳动力短缺和降低人工成本的双重目的。

一直以来，礼盒包装的牛奶在每年过年或者中国其他的传统假日期间需求较大，这种牛奶礼盒在后段的包装过程中需要大量人工，但彼时又恰逢用工最为紧张、人工缺口最大的时候，如何去解决用工难、用工贵的问题，李明洋与其他创始人一起选择了协助机器人的研发，成功研发了应用于礼品包装环节的机器人。

此后，公司在发展运营的过程中进一步明确了战略方向：要做一种更简单易用，让工人都可以操作使用的机器人，实现由一个工程公司向产品公司的转变。

节卡机器人副总裁常莉表示："从产品战略上来说，我们一直秉承的是高性能、高品质、高可靠、高稳定的产品路线。第二个的话就是我们的大客户战略。合作伙伴促进我们成长，客户是我们最好的老师。秉承这两条公司战略之后，我们才能够以非常高的速度去迭代自己。"这种迭代是让节卡机器人走到协作机器人第一梯队的重要推动力。

2. 以机器人之力解放人类双手

人口老龄化、用工成本贵、环境成本高等问题日益凸显，协作机器人是社会急需的"助手"。常莉介绍着，节卡机器人其实是一家专注于协作机器人的高科技公司。协作机器人，顾名思义，它是能够与人之间进行协同作业的机器人。应用场景从大的方面来说分为两部分。一部分是工业，一部分是非工业，也就是泛工业和泛商业。她端起一杯咖啡："刚刚老师您品尝的咖啡，其实是在泛商业的一个场景。在这块的话，我们的机器人它与人进行协作，替代我们的咖啡师，制作标准化、口味统一的并且优良的咖啡。"

在节卡机器人展厅，除了正在冲泡咖啡的机器人以外，还有能够迅速将打乱的魔方还原的魔方机器人，也有更多应用于工业各个领域的机器人在忙碌着。

在机器人日益替代人类劳动的同时，人们对机器人取代人类，导致人类失业率增高等问题也有了更多讨论，对此，常莉认为，秉承"解放人类双手，点亮智慧火花"这一使命，节卡机器人始终坚持以人为本的发展理念。曾经有一次偶然的机会，常莉在一个劳动密集型工厂里看到了许多完完全全用手去进行机械操作的工人，他们一天大约需要工作10个小时，在工作的时候，整个工厂鸦雀无声。直到4点到5点，他们换班的时间，所有的操作工人从工厂车间出来之后，在工厂的休息区，所有人都在看手机。在这两个场景当中，一个场景是在工作时间，他们完完全全没有思考，或者说是快速的手上作业。一个场景是回到休息的时间，他们充满对信息获取的渴望，用手机去接触这个世界。人在这两个场景下面完全不同的一个景象，让常莉深受震撼，她真切意识到："只有解放了他们的双手之后，大脑才能够空下来去获取信息，去接受信息的交互。"

节卡机器人目前主要聚焦的仍然是工业。"因为工业有一个特点，它对于设备的稳定性、可靠性以及它本身的一些性能的要求是极高的。在这个过程当中，比如说跟汽车相关的（行业），电子半导体以及我们的通用工业，这些场景是节卡机器人现在主要的一些覆盖领域。除此之外，还有一些商业或者教育（等）一些场景。大概百分之八九十的这样子都还是聚焦在工业领域。"常莉解释道。

未来节卡机器人将持续发力汽车及零部件、3C电子、机械加工等主要细分应用领域，这一类工业领域发展较快且在未来仍存在较为可观的市场成长空间。此外，在医疗用品、化学制品、家电、锂电池、仓储物流、食品饮料等细分应用领域，近年来协作机器人的应用需求正不断增加，未来有望实现规模性放量。除了满足工业领域对协作机器人的刚性需求以外，节卡机器人将继续关注消费、医疗、教育等领域的发展。

3. 双向奔赴的全球化发展

节卡机器人将研发中心设于国际科创中心——上海，其生产基地则位于江苏常州，并在深圳、香港、名古屋、纽伦堡等地设立分支机构。将机器人由"专业装备"，变为简单易用的"工具"，进而"普及到世界的每一个角落"是节卡机器人明确的企业发展目标之一，目前，节卡机器人已在欧洲、北美、日韩、东南亚等全球众多国家部署，它们灵活高效地服务于汽车、电子、半导体、新能源等全球知名品牌的生产线，同样也在众多商业新消费领域从事与消费者直接接触的服务工作。

常莉用"双向奔赴"一词来形容节卡机器人的全球化发展之旅。如今中国工业发展过程中遇到的人口老龄化、用工难、用工贵等问题，全球其他经济体中也同样遭遇，甚至更为突出。在与国外客户接触的过程中，常莉体会尤为真切，"他们急需要简单的生产工具去解决他们生产当中的一些问题。我们的产品符合他们的品质要求，包括可靠性、稳定性的要求。他们其实是敞开怀抱，以非常真诚的态度和欢迎的姿态去迎接我们的合作"。

关于在这个过程当中，如何去适应和满足不同区域客户的不同需求，常莉表示："其实我们还是用全球化发展和合作的思维去做生意，而不是说节卡一定要是完完全全地自己去开拓。通过求同存异的方式，求同的话就是把一些共性的需求和功能叠加在我们的产品上，形成我们产品的迭代方向；我们聚焦于求同的部分，他们（当地的合作伙伴）在此基础上形成他们差异化的部分，是机器人再加一些应用，变成另外一套应用产品。"

在这一思维模式的指导下，节卡机器人立足于长期主义视角，以持续性的全方位创新打造具有国际竞争力的新质生产力，突破市场周期限制，已与丰田、东山精密、中国中车、星宇股份、立讯精密、施耐德、伟创力等国际知名企业建立深度的合作关系，并产生了一些新的沟通方式。例如三年前，节卡机器人的所有合作伙伴都需要到总部上海接受全套的产品培训，在掌握产品知识和技能之后，再去服务当地的需求商。但是在过去三年当中，通过开设各种各样的线上课程，节卡机器人将知识架构凝练，更有效地传递给合作伙伴，让它们能迅速远程掌握产品信息和使用方法。这一系列创新使得节卡机器人在过去三年，并没有停止过全球化的步伐，一天都没有停止过。

常莉回顾节卡机器人的发展历程，对此总结了两点经验：

第一，以客户为中心，以客户为锚点，去创造价值。无论是哪个行业的企业，不管发展目标是增长还是要存活下去，企业唯一的着力点是抓住客户，以客户为中心，满足客户的需求。

第二，从企业的发展来看，信心和积极的心态比金子还珍贵。这意味着，无论遇到什么问题，都要明确企业要的是什么，困难都会有，不能因为困难而止步不前。常莉的信念坚定而明确："我们视机器人事业为长期追求，目标是推动节卡机器人发展成为全球化企业，确保每年持续高速增长。"

第九章
先进材料产业

随着全球经济一体化进程的加快，全球先进材料产业呈现出集约化、集群化和高效化等特征，产业扩张向横纵结合，上下游联系日益紧密，产业链逐渐完善。

先进材料产业是未来经济社会发展的重要领域，发展先进材料产业是我国从制造大国转变为制造强国的必经之路。我国材料领域已形成了新材料研发、制造、应用完整的创新链和产业链，目前正处于关键的窗口期，对中高端材料的需求不断提升。对上海而言，发展先进材料产业能够助推产业能级提升和增强关键产业链的核心竞争力。

第一节　先进材料的广泛应用推动产业迅速发展

先进材料产业是指开发、生产和应用新型材料的领域，其目标是满足不断发展的技术和市场需求。先进材料产业是支撑国民经济发展的重要基础原材料工业，是改善民生的基础制品业，也是支撑国防、航空航天以及节能环保、新能源、新材料、信息产业等战略性新兴产业发展的重要产业。

先进材料产业的发展受到科学技术的推动，尤其是材料科学、纳米技术、生物技术和信息技术等的进步。这些技术的突破使得研究人员能够设计和合成具有特殊性能的材料，如高强度、高韧性、耐高温、导电性和光学特性等。

先进材料产业在现代社会中得到了广泛应用。例如，在航空航天领域，可以用于制造轻量化的飞机部件，提高燃油效率和飞行性能；在汽车领域，可以降低车辆的重量，提高安全性和燃油经济性；在能源领域，可以用于制造高效的太阳能电池和储能设备，推动可再生能源的发展；在电子信息领域，可以制造更小、更快、更强大的电子器件，促进信息技术的进步；在医疗领域，可以用于生物医学器械和药物传递系统，改善治疗效果；在环保领域，可以用于污染治理、水处理和可持续建筑等方面，实现资源的可持续利用。

一、我国先进材料领域正进入发展的关键窗口期

在全球范围内，许多国家和企业都将先进材料产业视为重要的战略性产业。为了推动先进材料产业的发展，各国政府和机构积极投资于材料研发、创新和生产设施的建设。此外，国际合作和知识共享也成为促进先进材料产业发展的重要因素。先进材料产业具有广阔的前景和潜力。通过不断的研究和创新，先进材料产业可以为各个领域提供解决方案，推动社会进步及可持续发展。

在我国，《中国智造2025》为新材料的发展提出了方向，内容包括

以特种金属功能材料、高性能结构材料、功能性高分子材料、特种无机非金属材料和先进复合材料为发展重点，加快研发先进熔炼、凝固成型、气相沉积、型材加工、高效合成等新材料制备关键技术和装备，加强基础研究和体系建设，突破产业化制备瓶颈；积极发展军民共用特种新材料，加快技术双向转移转化，促进新材料产业军民融合发展；高度关注颠覆性新材料对传统材料的影响，做好超导材料、纳米材料、石墨烯、生物基材料等战略前沿材料提前布局和研制；加快基础材料升级换代。

2021 年 12 月 29 日发布的《"十四五"原材料工业发展规划》提出，到 2035 年，把我国建设成世界重要原材料产品的研发、生产、应用高地，新材料产业竞争力全面提升，绿色低碳发展水平世界先进，产业体系安全自主可控。

对于新材料创新发展工程，我国主要提出突破重点品种和提升公共平台，具体规划及目标见表 9-1。

表 9-1　国家新材料创新发展工程发展规划及目标

发展重点	具体规划及目标
突破重点品种	围绕大飞机、航空发动机、集成电路、信息通信、生物产业和能源产业等重点应用领域，攻克高温合金、航空轻合金材料、超高纯稀土金属及化合物、高性能特种钢、可降解生物材料、特种涂层、光刻胶、靶材、抛光液、工业气体、仿生合成橡胶、人工晶体、高性能功能玻璃、先进陶瓷材料、特种分离膜以及高性能稀土磁性、催化、光功能、储氢材料等一批关键材料
提升公共平台	建设高端聚烯烃、稀有金属、粉末冶金、先进玻璃、先进陶瓷等制造业创新中心。建设信息通信设备、节能环保、机器人装备材料等生产应用示范平台。建设新材料测试评价平台区域中心、新材料数据中心。到 2025 年，关键材料保障能力得到提升，公共服务能力得到明显改善，新建 10 个以上新材料平台

资料来源：第一财经研究院根据公开资料整理。

为推动原材料工业增品种、提品质、创品牌，2022 年发布的《原材料工业"三品"实施方案》进一步提出：到 2035 年，原材料品种供给能力和水平、服务质量大幅提升，达到世界先进国家水平，形成一批质量卓越、优势明显、拥有核心知识产权的企业和产品品牌。

2024 年 1 月发布的《原材料工业数字化转型工作方案（2024—2026年）》提出要建设新材料大数据中心，助力行业转型和高质量发展。

国内的材料领域现已进入发展的关键窗口期，对中高端材料的需求不断提升。先进材料产业是未来经济社会发展的重要领域，发展先进材料产业是我国从制造大国转变为制造强国的必经之路。我国先进材料产业正处于快速增长阶段，主要体现在三个方面：产业规模不断扩大、产业体系不断完善、关键材料不断突破。

近年来，我国先进材料产业规模不断扩大，为国家重大工程提供了物质保障和物质基础。根据工业和信息化部相关数据，2022 年我国新材料产业总产值约为 6.8 万亿元，较 2012 年增长了近 6 倍。国家统计局数据显示，2022 年太阳能工业用超白玻璃、多晶硅、单晶硅等新材料产品产量同比分别增长 78.0%、64.4%、51.8%。先进材料产业对相关行业的带动作用明显，对于推动工业结构升级、提升产品质量和技术含量发挥了积极作用。

我国先进材料产业体系不断完善，正由量的增加向质的提升转型升级。政府加大对相关企业扶持力度，促进产业集群发展，推动产业链升级优化。同时，企业加强技术创新，提高产品质量和附加值，企业创新主导作用和主体地位显著增加，依托地区资源优势，形成长三角、珠三角、环渤海、中西部地区、东北地区等新材料产业集群。

我国先进材料产业关键材料不断突破，国产自主研发新材料为国家重大工程实施提供基础和保障。例如，用于保障"神舟系列"载人飞船、"天问一号"探测器、中国空间站"天和号"核心舱等先进复合材料结构件，以及用于白鹤滩水电站打造"无缝大坝"的低热水泥材料。此外，我国碳纤维复合材料、高性能钢铁材料、新型功能陶瓷材料、柔性显示屏材料等领域的技术已经跻身国际先进水平行列。

然而，我国材料发展仍存在一些问题亟待解决。一是对进口依赖性较大，例如集成电路产业的关键材料，包括超高纯的多晶硅、高档磨料等；二是创新能力较为缺乏，在知识产权方面，国内本土发明专利授权为28.7%，远低于国外来华授权专利的37.2%；三是产业基础能力不足，多个领域产业链出现产业短板，与国外存在一定差距。

我国正从"材料大国"迈向"材料强国"，从全球发展趋势来看，以先进材料为代表的关键核心领域是未来竞争的焦点，包括超宽禁带材料、下一代的光调制器材料、铁电材料、纳米材料、先进半导体材料等等。

二、上海产业体系持续完善　应用加速突破

发展先进材料产业对上海提升产业能级和关键产业链核心竞争力具有重要意义。近年来，上海先进材料产业规模逐步增长，创新体系持续完善，产业先导性明显增强，产业化应用加速突破。

上海先进材料产业规模逐步增长。"十三五"期间，上海原材料产值增长7.6%，新材料产值从1967亿元增加到2663亿元，年复合增长率6.2%，新材料产值在上海七大战略性新兴产业总产值中占比20%，新材料产业规模以上企业从521家增长到556家。2022年，

上海规模以上新材料产值达到 2998.93 亿元，占上海工业战略性新兴产业总产值的 17.23%。

上海先进材料产业创新体系持续完善。上海集聚了国家重点实验室、国家工程研究中心等 26 家技术服务平台，建设了核能材料、航空材料生产应用示范平台和石墨烯功能型研发转化平台，汇集了 14 家外资材料龙头企业的研发中心，以及一批央企、国企中央研究院。拥有 9 家国家级企业技术中心、55 家市级企业技术中心。在关键配套和前沿领域，布局培育了一批科技创新项目和企业，实现 10 家新材料企业科创板上市。

上海先进材料产业先导性明显增强。"十三五"期间，新材料产业产值占原材料工业产值比重从 35% 增加到 46%。其中，高磁感电工钢、高深冲性能汽车冷轧板等先进金属材料产值年均增长 10.2%。改性工程塑料、特种橡胶等先进高分子材料产值年均增长 4.1%，特种玻璃、硅外延片等先进无机非金属材料及纳米陶瓷微粉、高温合金纳米粉末等前沿新材料产值年均增速达到 13.3%。

上海先进材料产业化应用加速突破。上海培育了超过 100 项首批次应用产品，布局 21 项关键技术攻关。集成电路领域 CMP 抛光液、清洗剂等工艺材料、精密陶瓷等装备材料实现产业化的零突破。航空航天领域 300M 钢、芳纶蜂窝材料等在 C919 大飞机实现应用，围绕正负极材料、隔膜材料、软包材料等新能源动力电池领域布局了全链条应用技术攻关。

为促进先进材料领域的发展，在"十四五"期间上海出台了一系列支持政策。《上海市先进制造业发展"十四五"规划》提出，重点发展化工先进材料、精品钢材、关键战略材料、前沿新材料等制造领域，延伸发展设计检测、大宗贸易等服务领域。推动先进材料高端化、绿色化发展，加强材料基础研究、工程化转化和产业化应用衔接，系统性开展材料综合性能评价、质量控制工艺及工程化研究，加快布局公共研发转化平台和中试基地，提升材料企业创新和产学研联合转化能力。建设新材料应用中心，强化集成电路、生物医药、航空航天等重点领域关键材料的自主保障，完善上海市新材料产业重点指导目录，着力打造与战略性、基础性、高技术竞争性地位相匹配的现代化材料产业体系。

表 9-2　上海市先进材料产业集群重点领域发展规划及目标

先进材料产业集群重点领域	发 展 规 划	发展目标
化工先进材料	（1）以安全环保、集约发展为重点，支持化工先进材料产业链向精细化、高端化延伸，提高高端产品占比；（2）大力发展高性能聚烯烃、高端工程塑料、特种合成橡胶、黏合剂等先进高分子材料，重点突破高端表面活性剂、电子化学品、高纯溶剂、催化剂、医药中间体等专用化学品，加快布局创新平台，支持龙头企业搭建面向产业链上下游的中试共享平台，支持建设上海国际化工新材料创新中心	到 2025 年，以上海化工区为主要载体，努力建设成为参与全球竞争的绿色化工产业集群，产业规模达到 2700 亿元
精品钢材	（1）以绿色转型、精品提升为重点，优化钢铁产业产品结构，巩固提高第二、三代高强度和超高强度汽车用钢、高能效硅钢、高温合金等产品技术优势；（2）突破高性能能源与管线用钢、高品质耐磨等高端产品的制造与深度开发技术，发展短流程炼钢；（3）发展以特种冶金技术为核心的耐高温、抗腐蚀、高强韧的镍基合金，以及钛合金、特殊不锈钢、特种结构钢等	到 2025 年，以宝山基地为主要载体，打造高附加值精品钢材产业集群，产业规模保持 1000 亿元左右

（续表）

先进材料产业集群重点领域	发 展 规 划	发展目标
关键战略材料	（1）以强化保障、应用带动为重点，围绕集成电路、生物医药、高端装备、新能源等重点领域，突出应用需求带动，提升先进半导体、碳纤维及其复合材料、高温合金、高性能膜材料、先进陶瓷和人工晶体等关键战略材料的综合保障能力；（2）支持重点应用领域企业建设市级新材料应用中心，开展重大战略项目的协同攻关	到2025年，打造若干百亿级关键战略材料产业集群
前沿新材料	（1）以前沿布局、示范应用为重点，加快高温超导、石墨烯、3D打印材料等前沿新材料研发、应用和产业化；（2）建成中国首条公里级高温超导电缆示范工程，建设上海高温超导产业基地，推动高温超导带材向量产阶段转化并加快应用；（3）加快石墨烯在消费电子、智能穿戴、交通轻量化和环境治理等领域的应用；（4）推进3D打印专用高分子材料、陶铝新材料、金属粉末等专用材料及成型技术的开发应用	到2025年，建设成为国内领先的前沿新材料研发和生产基地
先进材料服务	（1）以检验检测、平台服务为重点，推动先进材料企业提供产品和专业服务解决方案，鼓励科研机构开展早期研发介入合作和定向开发服务，加快先进材料配方、设计等环节的攻关，缩短产品研发周期；（2）围绕原料检测、环境试验、质量检验、工艺分析等领域，发展第三方综合性检验检测服务；（3）推进材料领域的大宗商品贸易平台和资源综合利用平台建设，提供涵盖大宗商品信息发布、采购、销售、配送、供应链金融、物流跟踪等在线服务	到2025年，打造先进材料专业化、高端化服务品牌，提升产业整体竞争力

资料来源：第一财经研究院根据公开资料整理。

为加快上海先进材料产业高端化、绿色化发展，2022年1月7日，《上海市先进材料产业发展"十四五"规划》发布。该文件中要求，"十四五"期间，上海市先进材料产业实现发展质量稳步提高、创新能力显著增强、市场竞争力持续提升，基本建成以基础材料、关键材料、特色材料和前沿材料为重点的上海先进材料产业体系，进一步增强对先进制造业的保障能力，产业发展水平保持全国领先。

表9-3　上海市先进材料产业"十四五"规划主要指标

先进材料产业指标	2025 年目标
先进材料集群制造业规模	4300 亿元（新材料产值 3200 亿元，年均增长率达 5% 以上）
重点企业研发投入占主营业务收入比重	4% 以上
市级及以上制造业创新中心	2—3 个
市级新材料应用中心	3—5 个
国家级和市级企业技术中心	10—15 个
先进材料特色园区	2—3 个
关键材料和技术	突破 8—10 项
首批次产品	150 个
科创板上市企业	5—10 家

资料来源：第一财经研究院根据公开资料整理。

第二节　提高产业链安全性　实现高质量发展

上海先进材料产业已经取得了令人瞩目的发展成果，为经济发展注入了新的动力。上海拥有较强的技术创新和研发能力，未来，进一步推动先进材料产业的发展，解决产业链安全问题，有助于为实现先进材料产业高质量发展注入新的动力。

一、优势：技术创新和研发能力

上海在先进材料领域拥有出色的技术创新和研发能力。上海设有多家国家级重点实验室和工程技术研究中心，聚集了一批高水平的科研人才和专业团队，致力于前沿技术的研究和创新，推动了先进材料领域的重要突破和科研成果，在新材料、高性能材料和先进制造技术等方面取得了一系列世界领先的科研成果，为产业的发展提供了强有力的支撑。

二、劣势：产业主体实力不强、成果应用转化不畅、集聚效应发挥不足

一是产业主体实力不强。尽管上海先进材料产业企业普遍呈现出"小而不精、大而不强、大而不优"的特点，大部分规模以上企业的新材料产值在 5 亿元以下。这种规模较小的情况导致企业的研发投入相对有限，持续创新能力尚待提升。相比国际竞争对手，上海先进材料企业在市场方面话语权相对较弱，缺乏核心技术的自主掌握和市场竞争的优势。

二是成果应用转化不畅。目前上海先进材料产业在材料创新链和产业链的衔接上并不紧密。从科学研究到技术开发再到工程实施和产业化应用的过程中，融通创新的能力相对较弱，从而产生创新成果的转化和应用的难题。虽然上海在科技创新方面取得了许多突破性成果，但由于成果转化激励机制不完善以及企业创新投入不足，这些成果的应用和市场推广进展不够顺利。

三是集聚效应发挥不足。目前上海市先进材料产业存在新材料细分行业"多而散"的情况，上下游产业之间的协同效应有待进一步加强。尽管已经形成了一些材料产业集聚区，但特色材料产业尚未形成增量，产业生态多元格局还需要进一步优化。

三、机遇：应用端安全需求

随着逆全球化趋势的发展，应用端对产业链和供应链安全的需求，将成为上海先进材料产业发展的强大动力。企业将更加注重自主创新和核心技术的掌握，以确保供应链的稳定和可靠。同时，新一代信息技术如人工智能（AI）、大数据、工业互联网、区块链、数字化仿真等的快速发展，与新材料研发、应用、推广深度融合，将为上海先进材料产业带来巨大的发展机遇。这些新技术的应用将加速先进材料产业的技术突破、新业态的成形和新模式的构建。例如，通过 AI 和大数据的支持，先进材料的研发过程能够更高效、准确，产品的设计和制造也可以更加精确和个性化。工业互联网和区块链技术的应用可以提高产业链的透明度和安全性，实现供应链的优化和管理。

四、挑战：高端材料供应安全问题突出、供应链配套水平不足

上海先进材料产业发展的一大挑战是高端材料供应安全问题突出。例如在信息技术领域，高性能芯片材料、光电材料、纳米材料等对于人工智能、大数据、物联网等新一代信息技术的发展至关重要；

在能源动力领域，高性能电池材料、高温超导材料等对于新能源汽车、清洁能源等领域的发展不可或缺；在高端装备和运载工具领域，高温合金材料、先进复合材料等对于航空航天、船舶制造、高铁等重大工程的建设举足轻重。然而，目前国内在这些领域的材料研发和生产能力相对薄弱，很大程度上依赖于进口。例如，纳琳威纳米科技（上海）有限公司在我们的调研中就表示，目前新材料产业"最大的短板还是在核心的前端材料"，一些核心材料依然来源于国外。这些前端材料制造成本虽然占比很小，但却能够掌控全局，是关键的核心环节。关键材料的进口导致了对于关键技术和产业的依赖度较高，限制了我国在新能源领域的自主创新和核心技术的掌握，对产业发展构成了一定的制约。

上海先进材料产业供应链的整体配套水平亟须提升。供应链是先进材料产业的重要组成部分，影响着材料的研发、生产、加工、销售等各个环节。然而，目前供应链的配套水平相对薄弱。例如，部分材料加工环节的效率和质量有待提高，制约了产业链的高效运转。尽管上海市拥有大量的新材料企业，但这些企业普遍规模较小、技术实力不够强大，产业集中度相对较低。这导致部分领域产能过剩，但效率却相对较低。同时，同质化竞争也非常激烈，高端供给不足的问题凸显。

第三节　打通从创新到应用之路

先进材料产业是现代经济体系发展的基础，上海先进材料产业的研发能力已有较深的沉淀，但从创新到应用，还需出台更多政策，建立产业链良好的沟通与协调发展机制。

一、加强科技成果与产业需求对接

先进材料产业原创能力亟须提升。上海应加强科技成果与产业需求的对接，促进科研机构、高校和企业之间的合作与交流。政府应进一步完善创新激励政策，提供更多的支持和奖励措施，鼓励企业将科研成果转化为实际应用。同时，政府还应加大对企业创新投入的引导和支持，提高企业自主研发的积极性。此外，应用技术研发也需要持续加强，通过与行业用户深入合作，提前了解市场需求，加快将科技成果转化为实际应用解决方案。总之，政府应搭建更加紧密的创新生态系统，促进各环节的有效衔接，推动科技成果的快速转化和产业化落地，为上海先进材料产业的可持续发展注入强劲动力。

二、加强产业集聚区规划建设

上海应加强产业集聚区的规划和建设，促进相关企业的集中发展。提供更多的支持和优惠政策，吸引更多的企业入驻集聚区，形成规模效应和集群效应。同时，推动产业链上下游企业之间的合作与协同，促进资源共享和技术交流，增强整个产业链的协同效应。此外，还应进一步优化产业生态多元格局，鼓励企业开展多元化经营和跨界合作，培育新的增长点和特色产业。加强产业集聚效应的发挥，促进产业链的紧密衔接和协同发展，进一步优化产业生态格局。这将为企业提供更好的合作机会和发展环境，提高整体竞争力和创新能力，推动上海先进材料产业迈向更高水平和更广领域的发展。

三、推进产业绿色转型升级

上海市政府应积极引导先进材料产业企业加大绿色技术的研发和应用，推动先进材料产业的绿色转型和升级。加大对绿色创新和低碳技术的支持，为企业提供政策扶持和创新平台。同时，加强与周边城市的合作交流，推动长三角地区先进材料产业的集聚效应和整体竞争力的提升。通过加强产业链的衔接和优化供应链的合作，形成更加完善的产业体系，提高整个长三角地区先进材料产业在全球的地位和作用。在低碳化、高端化发展中实现新突破，为经济的绿色转型和可持续发展作出积极贡献。

专栏　上海天臣——从做茅台酒瓶盖上的防伪材料开始

长久以来，假冒伪劣产品侵害着人们的消费权益，甚至带来生命安全隐患，与此同时，我们身边有一批默默无闻的"卫士"正通过各种防伪技术守卫着正规商品。"魔高一尺，道高一丈"，在与假冒伪劣产品的斗争中，防伪技术不断更新发展，形成了独特的防伪材料、技术产业，我国部分防伪技术已经达到了世界先进水平，并广泛应用于各行各业各类商品。

据中国防伪协会数据显示，目前，我国防伪企业有1200余家，每年的总产值超过1500亿元，每年生产防伪标识3600多亿枚，广泛应用于烟酒、食盐、农产品、食品、医药用品、农资、婴幼儿用品、化妆品、皮革制品、服装、电子电器、汽车零配件、建材家居等众多行业，涉及几十万个品牌和企业。每个企业各具特色的防伪标识、"一物一码"且难以复制，较好规范了基本的产品竞争秩序。

上海天臣微纳米科技股份有限公司（简称上海天臣）是一家从事高科技防伪溯源和特种包装的专精特新企业，自1999年以来，上海天臣在保护品牌和知识产权、保护企业权益、维护消费者权益、建设诚信社会等方面发挥着独特的、不可替代的作用。如今，上海天臣拥有天臣总部湾、天臣微纳科技港和天臣研究院三大产业基地，在成都、青岛、宿迁、太原、日照等城市设有分公司。

1."两个字、三个人、四万元资金"的底子

天臣的成立可以简述为"2 + 3 + 4"，代表着"两个字、三个人、四万元资金"。1999年，复旦天臣诞生，两个字是指复旦这两个字；三个人是指当时复旦大学化学系的三名研究生，其中包括天臣创始人徐良衡；四万元是指启动资金，三名研究生向周围的亲戚朋友筹集资金，就开

始撸起袖子管，打算开创自己的一番事业。

上海天臣执行总裁徐林奕晖介绍道："1999 年天臣成立，2000 年天臣签下了自己企业发展历史当中非常重要的第一个订单，就是国酒贵州茅台。"这是一张小小的标签，却是与国际领先的新材料公司 3M 和德国施瓦茨进行同台竞技，并赢得比赛的标签。彼时，我国的防伪事业刚刚起步，防伪行业中外国公司独大，天臣这样一家小作坊企业，几个年轻人艰难攻关，创造了以小胜大以弱胜强的传奇，成功拿到茅台酒的防伪标签订单。

这张标签从复旦大学大门旁像门卫室一样、不到十平方米的天臣办公室里走出，最终脱颖而出，成功地跟茅台进行了茅台 1.0 防伪方案的签约。"这也是我们非常引以为傲的。一直到现在，24 年过去了，茅台的三代防伪供应商就是我们。"徐林奕晖表示。

如今的天臣是除贵州茅台以外包括五粮液、山西汾酒、珍酒李渡、人头马等诸多企业的防伪产品供应商，同时，也让自己的防伪技术在居民身份证上得到广泛使用。

2. 将防伪技术做到极致

此后，天臣将防伪技术做到了极致，徐林奕晖说："虽然防伪溯源领域竞争的企业很多，但能够像天臣一样把产品从研发到生产一体化完成，自己有集成能力的公司就仅有一家。"

上海天臣是国内的防伪溯源产品的生产者，同时也是特种包装的生产者。2023年，天臣为贵州金沙酒业提供的防伪溯源系统和RFID〔Radio Frequency Identification，简称RFID，即射频识别〕防伪标识荣获中国防伪行业协会发布的2023年度"防伪溯源　传递信任　保护品牌　十大优秀案例"称号。

据介绍，这款产品应用的是集微光学、微纳米加工及微缩印刷于一体的"3D云膜"技术，这是一个具有自主知识产权的技术，是通过在薄膜上形成微光学陈列结构，实现可人眼直接观测的动态、立体3D图文效果，视觉冲击力强，效果新颖独特，易于识别，仿制难度高。与此同时，该标签采用特殊的防转移技术，以特种材料为基础，利用功能高分子材料与独特的加工工艺，使瓶标、盒标及箱标具有防揭、易碎等多重防转移功能，当标签揭起，裸眼3D图纹就会消失，而二维码和LOGO将与黄色底层分离，留在透明膜上，无法重复使用。

该产品还建立了独立的防伪溯源系统，"RFID箱标"使用的是防伪底纹与RFID相结合的技术，其防伪底纹通过精密制版技术制作，不易复制，超高频RFID芯片包含出厂数字水印，无法克隆。"RFID箱标"与二维码信息关联绑定，保障每瓶酒实现"一瓶一码"，每箱酒"一箱一芯"。

徐林奕晖表示："通常做防伪的我们要保证这个技术在市场上是唯一且独特的。要保证起码造假者在 3 到 4 年时间里无法攻破，造出一样的或者类似的东西。我们基本上是端到端闭环。如果（在）自己能承受的资金范围内，我们都会选择自己做。因为防伪对这方面的要求特别高，但凡有一个环节外包，就很有可能产生疏漏的风险。"

3. 让科技向上向善　堵假与抒善相辅相成

上海天臣依托上海防伪工程技术研究中心、复旦·天臣联合实验室和天臣研究院，在高科技防伪溯源和创新包装、新材料领域的技术开发、应用与服务上，始终保持业界领先地位。在发展的过程中，上海天臣树立了感恩、敬畏、守正、创新的价值观，并基于此坚持践行日常的企业社会责任。

天臣集团董事长兼创始人徐良衡认为"举而措之天下之民，谓之事业。做事业要关注自己企业的效益之外，重要的是能带来更大的社会价值"。

他也是这么做的，2014—2016 年向上海慈善基金会、上海儿童基金会等累计捐款约 56 万元；2018 年参与"西双版纳扶贫"项目，定向捐款共达 60 万元；在贵州纳雍县第一中学设立"天臣珍珠班"；同年度捐款 30 万元用于对口支援地区多个乡村建立企村结对帮扶项目；2020 年 1 月，通过上海市慈善基金会松江区代表处，向武汉驰援

300 万元用于抗疫。

除此以外，上海天臣坚持产品更新，采用工艺创新，精简传统行业做法，从而节省能源，让产品的生产过程可以把碳足迹减少到最小。这种精简意味着能源的节省，碳排放量的减少。这也是上海天臣回馈社会的一种坚持。

在防伪溯源这个小而美的赛道，上海天臣秉持"应用一代，储备一代，研发一代，构思一代"的创新理念，通过持续创新的产品和及时高效的服务，为客户持续创造出了更大价值。

专栏　纳琳威——以中试为基石，做好每一张膜

新材料产业一直是国民经济发展过程中最为基础性、战略性的产业，其创新被应用于人们日常生活的方方面面，从航空航天、新型显示，到节能环保、汽车消费等场景，都可以看到其身影。其中，功能性膜材料是新材料产业中重要的创新点。

功能性膜材料具有独特的光学、电学等单一或复合功能，被广泛应用于汽车、5G 通信、建筑环保等领域，同时，因为其技术壁垒较高，对生产工艺要求严苛，功能性

膜材料的生产与创新一直被少数几个拥有先进生产技术的国家占据市场主导地位。作为功能性膜材料最大的消费地区，我国一直鼓励着该行业的发展，不少企业破土而出，以独创的技术占据市场中的一片天地。第一批国家专精特新"小巨人"企业上海纳琳威科技股份有限公司（简称纳琳威）就是其中之一。最早起步于功能性薄膜的涂布，纳琳威转向无机纳米应用的研发，探索以纳米材料为载体，实现同样甚至更优异的功能需求，功能性薄膜、板材、胶膜、注塑、纺丝等产品的制作是其主要的产品细分领域。

1. 另辟蹊径　一道工序实现薄膜功能

2015 年 4 月，纳琳威正式成立，彼时，新材料产业被国外企业占据着大量的市场份额，日本三菱、韩国 SKC、美国 3M 这些都是当时耳熟能详的行业龙头。面对强敌，纳琳威另辟蹊径，尝试自行设计材料的功能特性，用纳米材料来实现各种的功能应用需求，其第一个产品——PET 功能性光学薄膜，被广泛应用于汽车和建筑领域。通过改变过去的多层复合涂布工艺，利用纳米粉体超分散技术制成纳米陶瓷薄膜，该薄膜能够实现红外线与紫外线阻隔，同时保持较高的透明度。

由此，纳琳威打破了汽车窗膜长期被国外企业垄断市场的格局，据纳琳威董事长、创始人肖琳介绍，早在 2019 年，纳琳威就成为全球大量窗膜涂布厂的供应商，其生产的功能性 PET 基膜产品覆盖大量国内客户市场，国际市场销售占比也达到了较高比例。而如今，纳琳威已经与全球众多窗膜工厂建立了合作，并成为它们的核心材料供应商。

"我们始终认为真正最大的竞争是来自于我们自己的完善。"在回顾自己的创新历程时，肖琳表示，做任何新材料的基础底层思路是一样的——如何把这些做好产品的关键点找出来。"要用最短的时间，以最快的速度把做好这件事情的关键点找出来，然后把每一个点位打通打透，最终把支撑这个产业的柱子立起来，这样才会有一个好的基本面。"

在实际工作中，纳琳威围绕的关键点有三个方面：

第一，核心的材料，做任何产品都需要好的原料；第二是工艺；第三是装备。工业生产中，很多工艺是围绕着材料来设计和实施的，设备则是为生产工艺服务的，因此把材料、工艺跟装备全部打通，可以让生产制造的底层基础更为坚实，也便于生产过程中更好地解决如何在材料上突破、如何在工艺上创新升级、如何让装备层面更精密，而且实现整个工艺更好的衔接等问题。

"做好一个产业，如果你能把这些根本的要素，这些点位能找出来，能把它打通打透，而且又能把这三个贯通，我认为你做任何新材料都可以把它做好。"肖琳如是说。

2. 练好内功　承载梦想

"找对人、做对事"是纳琳威始终坚持的原则，人才是企业的第一生产力，为了更多地吸引优秀人才，纳琳威尽力让自己这个平台能够承载更多优秀人才的梦想。

随着企业的扩张与发展，公司建立初期时的大部分同事至今仍然在公司岗位上奋斗，充分证明了纳琳威这个平台的人才吸引与承载能力。

这一能力背后的秘诀有四点：

一是构建中试基地。中试基地被用于验证创新材料是否具备产业化的条件，设计的功能是否符合市场需求，打通从成果到样品、产品的通道，加速科技成果转化，促进产业链创新链深度融合。通过中试基地不断地验证产品的可行性，让研发人员实现自我效能。

二是实现研发人员的价值。研发人员通常希望自己研发的每一样东西最终都能产业化、市场化，对他来讲这种价值感、对自我的认同，非常重要。但市场更多是需要最合适的，不一定是要技术含量最高的，因此需要适当地引导研发人员，告诉他们市场的一个最真实的需求，帮助研发人员的成果更多更好地成为现实。

三是研发人员可以从研发到中试，再到制造，最后到市场，产品生产的完整生命线都可以参与，亲身体会，这对他来讲是一个巨大的提升，不断地成长，不断地累积，最终自我能力实现从量变到质变。

四是公司的氛围。营造良好的人才氛围能够更好地吸引和留住优秀的人才，让优秀人才在公司的平台能够把根扎下去。

3. 埋头试错　为创新加速

肖琳将企业安全分成了七个维度，包括战略安全、资金安全、制造安全、市场安全、技术安全、供应链安全和法律安全。从每个维度保障企业的运转，技术是其中重要的一环，尤其是国外高新技术产业对我国出台各项"卡脖子"政策之后。因此，纳琳威始终坚持技术的独立性，"对国外的技术有一定需求，但没有依赖"。纳琳威与国外不少化工前沿企业建立了战略伙伴关系，通过自身一线的材料应用经验总结与开发，明确自身需求，与这些国内外顶尖化工厂成立联合项目组，承担产品需求设计、中试验证等环节工作，最终实现产品功能从源头开始的自主创新。

在创新的过程中，纳琳威不但强调自身需要具备创新的能力，还坚持保持创新的速度。众所周知，研发并不能一蹴而就，创新离不开时间的沉淀和量的积累。纳琳威提高创新速度的秘诀在于其独特的创新机制，肖琳表示："（创新的速度）快是因为我们有好的机制，我们有自己构建的中试基地，可以更高效地去验证，然后反馈给内部体系，更快完成整个产业链的验证，进行更高效地试错。事实上我们从实验室到中试再到产业化，该试的错也一样试，只是说我们试错效率比别人快，并没有走什么捷径。其实对我们来讲，我们也愿意去埋头做这些扎根的事情，把基础的事情做好。"

纳琳威和其他所有的创新企业一样，深耕、累积、提前布局，然后建成公司独特的生态链条，整个公司形成健康的闭环的生态，在这一过程中，保持警醒，带着敬畏心，对每个产业进行详尽的分析，积极进行前瞻性布局。

外部环境的变化是一个常态，在肖琳看来，这是客观存在的问题，如何在变量里面找到定量、如何在不确定里面找到确定，这取决于提前做了哪些准备。

回顾纳琳威的发展历程，纳琳威一直关注产品的迭代能力。以热塑性聚氨酯（简称"TPU"）车衣为例，当其第一个产品——汽车隐形车衣膜在快速增长的时候，第二增长曲线——真漆车衣——"可以贴的汽车漆"开始布局。当隐形车衣在高速增长的时候，真漆车衣开始投放市场，与此同时，第三个增长曲线已经在设计。所有产品一直有很强的迭代。

当外部大环境发生重大波动的时候，可能第一个产品受到了冲击，但此时，第二个产品刚刚成长，它从零开始，不断增长，可以填补第一个产品受到影响的市场份额。与此同时，第三个产品也正在推动。这样的不断迭代保证了整个产业的孵化能力。

肖琳认为，从新材料这个角度来看，中国在应用这一块是非常强的。但也存在一些短板，例如，新材料行业真正的原创能力还有所欠缺。依托精细化工领域方面最完整的产业链，纳琳威专注于前端材料的核心研发，扎根上海，前行不辍。

第十章
时尚消费品产业

近 20 年来，中国时尚消费品产业经历了飞速发展，取得了里程碑式的成就。我国的时尚消费品产业在不断创新和变革中迎接着巨大的机遇和挑战。生活方式变革、消费者对时尚感知度的分化和跃迁、商业格局的演进、可持续化发展议题的日益重要，共同推动时尚消费品产业的发展进入新的阶段，市场格局面临重构。

近年来，上海时尚消费品产业市场规模持续扩大，创新驱动促进产业升级，文化创意与时尚产业融合发展。国内外市场竞争激烈是上海时尚消费品产业面临的主要挑战之一。同时，上海时尚消费品产业的品牌影响力和知名度相对国际领先水平仍有差距，在各细分市场缺少领头羊角色的企业，专精特新"小巨人"企业数量远远少于"3 + 6"产业体系中的其他行业。

第一节 创意与应用融合 推动产业持续升级

为满足人民群众对美好生活的向往，时尚消费品产业提供以科技、时尚、绿色为特征的生活消费产品和服务，对经济发展和文化交流起着重要作用。该产业产品种类繁多，包括服装、鞋履、配饰、美容化妆品等，同时价值链广，涉及设计、制造、营销和销售等多个环节。

时尚消费品产业的核心在于设计和创意。设计师通过研究市场趋势、消费者喜好等因素，确定品牌定位，创造出各种各样的时尚产品。他们的创意和设计能力对于产品的成功至关重要。制造是时尚消费品产业的关键环节之一。制造商负责将设计师的创意转化为实际的产品，并确保产品的质量和交付时间。供应链管理也是重要的一环，涉及原材料采购、生产流程、物流和分销等环节。市场营销也起着至关重要的作用，品牌推广、广告宣传、时尚秀场和社交媒体营销等手段都用于吸引消费者的注意并促使其购买产品。零售环节是将产品直接销售给消费者的最后一步。时尚消费品可以通过传统的实体店铺销售，也可以通过电子商务平台进行在线销售。线上线下的销售渠道相互结合，以满足不同消费者的需求。

时尚消费品产业具有快速变化和激烈竞争的特点。消费者的时尚偏好和购买行为不断变化，品牌需要灵活地适应市场需求。同时，可持续发展和环保意识在时尚消费品产业中也变得越来越重要，许多品牌开始关注可持续材料和生产方式，以减少对环境的影响。

一、我国时尚消费品产业在变革中寻找机遇

近 20 年来，中国时尚消费品产业经历了飞速发展，取得了里程碑式的成就。时尚消费品产业是城市经济社会发展的重要推动力，我

国的时尚消费品产业正在经历快速发展和转型，不断适应消费者需求和市场趋势的变化，主要呈现以下五个方面的特点：

第一，市场规模不断扩大。随着人民生活水平的提高和消费观念的变化，时尚消费品市场迅速增长，消费者对个性化、品质和时尚的需求日益提高，推动了产业的快速发展。第二，电子商务蓬勃兴起。互联网和移动技术的普及，为时尚消费品产业带来了巨大的机遇，在线购物平台的兴起使消费者能够更加便捷地购买时尚产品，推动了电子商务的蓬勃发展。第三，品牌国际化取得进展。越来越多的中国时尚品牌积极推进国际化战略，进军全球市场，一些中国品牌在海外取得了较好的市场表现，为中国时尚消费品产业树立了良好形象。第四，可持续消费受到重视。可持续发展理念在时尚消费品产业中的影响力逐渐增强，越来越多的品牌开始采用可持续材料、绿色生产方式，更加注重社会责任，以满足消费者的需求。第五，人工智能和数字化技术的应用不断深化。人工智能和数字化技术的应用正深刻改变着时尚消费品产业的方方面面，从设计和生产到市场营销和销售，数字化技术的应用提高了效率和个性化程度。

我国的时尚消费品产业在不断创新和变革中迎接着巨大的机遇和挑战，从国家到地方政府均出台了相关支持政策。

《中华人民共和国国民经济和社会发展第十四个五年规划和2035年远景目标纲要》中提出，开展中国品牌创建行动，保护发展中华老字号，提升自主品牌影响力和竞争力，率先在化妆品、服装、家纺、电子产品等消费品领域培育一批高端品牌。

《数字化助力消费品工业"三品"行动方案（2022—2025年）》中提出，到2025年，消费品工业领域数字技术融合应用能力明显增强，培育形成一批新品、名品、精品，品种引领力、品质竞争力和品牌影响力不断提升。这意味着，未来消费品工业创新能力将显著增强，消费品工业供给水平明显提高，消费品工业发展生态持续优化。

二、上海致力打造"时尚之都"

建设品牌荟萃、市场活跃、消费集聚、影响广泛的国际时尚之都、品牌之都是上海的发展目标，《上海市先进制造业发展"十四五"规划》中提出，加强消费品原创设计能力，针对不同消费群体和消费场景，增加产品个性化、时尚化、智能化特征；鼓励消费品企业加强产品更新迭代和商业模式创新，拓展线上线下营销渠道，促进新消费提质扩容。支持上海市历史经典品牌企业焕新发展活力；聚焦智能、健康、时尚等潮流，培育市场竞争力强的新锐品牌。开展时尚引领企业创建，推进"上海时尚100+"和"上海品牌100+"评选。

表10-1 上海市时尚消费品产业集群重点领域发展规划及目标

时尚消费品产业集群重点领域	发 展 规 划	发展目标
时尚服饰	（1）以原创设计、时尚发展为重点，聚焦时尚服装、潮流配饰、功能性家纺、车用纺织品等领域，强化原材料、辅料和制成品领域的技术研发；（2）支持企业融汇传统文化和国际时尚元素，提升产品品质，鼓励高端定制和个性化定制，更多布局柔性制造、品牌营销等高附加值环节；（3）将上海时装周打造成为具有国际影响力的中外时尚设计师集聚平台、时尚品牌国内外发布推广平台；（4）推动贵金属首饰、宝玉石、钟表、眼镜等饰品行业向价值链高端拓展	到2025年，打造引领时尚潮流的高能级产业集群，产业规模达到1000亿元

（续表）

时尚消费品产业集群重点领域	发 展 规 划	发展目标
特色食品	（1）以优化产品、打造品牌为重点，支持食品企业以市场需求为导向，创新产品品类、优化产品结构，开发一批健康食品、保健食品、功能性食品；（2）支持食品企业延伸产业链条，推进原料生产、加工物流、市场营销等环节一体化发展，扩大线上销售渠道，强化品牌建设；（3）健全食品冷链物流建设和运行标准，提高冷链物流效率和水平，加强食品安全和质量提升，推动从原料采购到产品销售的全流程信息追溯	到 2025 年，形成一批市场认可度高、竞争力强的品牌产品，产业规模达到 1200 亿元
智能轻工	（1）以适应消费、焕新品牌为重点，围绕化妆品、智能家居、适老及婴童、时尚数码、文创办公等领域，支持企业推出一批设计精美、制作精良、性能优越的产品；（2）发展符合东方文化特色的美丽健康产业，推动在肌肤测试、美容仪器、试妆技术等领域发展个性化体验和产品定制，打造国际一流的化妆品产业高地；（3）推动家电家具企业、智能硬件公司融合互联网技术，推出时尚环保、舒适便捷的智能产品；（4）针对老龄化生活和婴幼儿成长需求，推进适老及婴童产品发展；（5）发挥上海轻工业老品牌集聚优势，鼓励经典品牌创新传统工艺，融合新兴技术和商业模式，焕发老品牌活力	到 2025 年，推出一批引领消费需求的新产品，产业规模达到 1400 亿元
创意设计	（1）以设计创新、强化赋能为重点，围绕工业设计、建筑设计、数字设计、服务设计等领域，构建多元共赢的创意设计生态圈；（2）建设"上海设计"品牌体系，开展市级设计创新中心和设计引领示范企业创建工作，持续推进"上海设计100+"活动；（3）发挥全球顶尖设计学院联盟作用，推进前沿设计创新奖社会化运营，加强"上海设计"标准应用，促进长三角设计＋智造协同发展，举办"世界设计之都大会"	到 2025 年，加快建设世界一流"设计之都"，打造国际国内原创设计首发地、"设计＋"新业态新模式策源地、设计产业转化高地

资料来源：第一财经研究院根据公开资料整理。

《上海市时尚消费品产业高质量发展行动计划（2022—2025年）》于 2022 年 12 月 14 日发布。文件指出，到 2025 年，确立上海引领时尚、定义潮流的"时尚之都"地位，打造具有示范引领作用的时尚消费品万亿级消费市场，打响一批领军级名企名品，形成一批融合性消费场景，布局一批示范性产业名园，集聚一批国际化时尚人才，使上海成为时尚出品地、潮流集聚地、创新策源地、消费引领地。文件中关于时尚消费品产业高质量发展的主要目标见表 10-2。

表 10-2　上海市时尚消费品产业高质量发展主要目标

时尚消费品产业指标	2025 年目标
产业规模	超 5200 亿，年均增速 5%
营业收入千亿级领军企业集团	3—5 家
百亿级头部企业集团	20 家
十亿级重点企业	200 家
时尚消费品产业智慧工厂	10 个
时尚消费品产业特色数字化应用场景	100 个
时尚消费品与购物、服务、文化融合场景	1000 个
时尚消费品特色产业园区	3—5 家

资料来源：第一财经研究院根据公开资料整理。

近年来，上海时尚消费品产业市场规模持续扩大，创新驱动促进产业升级，文化创意与时尚产业融合发展，可持续发展成为重要议题。

上海时尚消费品产业市场规模持续扩大。上海逐渐成为全国乃至全球时尚消费品的重要消费中心。根据统计数据，2021 年上海时尚消费品产业规模超 4335 亿元，同比增长 9.9%，其中制造业产业规模达 3514 亿元，同比增长 9.7%。随着居民收入的提高和消费观念的变化，时尚消费品的需求日益增长，为市场提供了巨大的发展空间。

创新驱动促进上海时尚消费品产业升级。上海时尚消费品产业创新驱动发展，大力推进技术创新、设计创新和商业模式创新。上海鼓励企业加大研发投入，提升产品质量和品牌竞争力。同时，积极引进国际一流的设计师和时尚机构，加强国际合作，提高产业的国际化水平。这些举措不仅加速了上海时尚消费品产业的升级换代，也为市场注入了新的活力。

文化创意与时尚产业融合发展也是上海时尚消费品产业发展的特点。上海注重发挥文化创意产业的辐射带动作用，将传统文化与时尚产业相结合，推动产业的跨界融合发展。通过文化创意产品的设计和推广，丰富了时尚消费品的内涵，提升了产品的附加值和市场竞争力。同时，上海还举办一系列时装周、时尚潮流展览等活动，吸引了众多国内外消费者。

可持续发展成为产业重要议题。上海时尚消费品产业注重可持续发展，积极推进环保生产和绿色供应链建设。越来越多的企业采用可再生材料和环保工艺，减少对环境的影响。随着公众对可持续发展的认知度不断提高，也推动企业更多地开展社会公益活动，践行可持续发展的理念。

第二节　市场规模与国际影响力优势显著

上海国际化程度高，吸引了大量游客和消费者，拥有发展时尚消费品产业的天然优势。随着技术进步和消费者需求的不断演变，上海时尚消费品产业有望继续保持快速发展，并在全球时尚舞台上扮演更加重要的角色。

一、优势：市场规模和消费能力、多元文化和国际影响力

上海时尚消费品产业的市场规模和消费潜力较大是其中一个优势。上海作为中国的时尚之都，拥有超过 2400 万的常住人口，其中本市户籍常住人口超 1400 万，外来常住人口也超过 1000 万，每年上海还会接待上亿人次的旅游者。随着城市化进程的不断推进，人们的收入水平和生活水平逐渐提高，消费观念也逐渐升级，从而对时尚消费品的需求不断增长，其中涵盖服装、鞋帽、饰品、化妆品等多个细分领域。同时，上海还吸引了大量的国内外旅游者和购物者，形成了独特的旅游购物消费市场，为上海市时尚消费品产业提供了广阔的市场空间和持续的消费动力。市场规模的扩大不仅带动了上游原材料和设计生产企业的发展，也为中小微企业和创新型企业提供了机会，促进了产业链的完善和升级。

上海时尚消费品产业的国际化程度高，国际影响力显著。作为中国的经济、金融和文化中心，上海汇聚了大量的国际资源和多元的文化氛围。众多国际知名时尚品牌和设计机构选择在上海设立总部或分支机构，将最新的时尚潮流和设计理念引入市场。同时，上海举办的时装周、时尚展览等国际性活动吸引了世界各地的关注，成为时尚界的焦点，不仅提升了上海时尚消费品产业的国际竞争力，也为上海企业提供了与国际品牌和机构交流合作的平台。

二、劣势：品牌影响力和知名度相对较低

上海时尚消费品产业的品牌影响力和知名度相对国际领先水平仍有差距。与一些国际一线时尚都市相比，上海的时尚品牌在国内外市场上的竞争力相对较弱，缺乏国际知名品牌的辐射力。这使得上海的时尚消费品企业在品牌推广和市场开拓方面面临一定的困难。为了提升品牌影响力，可以加大对时尚消费品企业的支持力度，推动品牌建设和市场推广，提高品牌的知名度和影响力。

三、机遇：国际贸易便利化、科技快速发展

上海时尚消费品产业发展将受益于国际贸易便利化和开放政策的机遇。上海作为中国重要的对外开放窗口，享有一系列政策优势和便利措施，为上海时尚消费品产业提供了更广阔的国际市场和合作机会。通过举办的国际贸易博览会、进口博览会等重要展会，吸引了众多海外时尚品牌和国际买家。同时，上海的自贸区和保税区为时尚消费品的进出口提供了便利，加速了跨境贸易的流通和发展。同时，上海作为国际旅游目的地的知名度不断提升，吸引了大量国内外游客，为上海的时尚消费品产业提供了广阔的消费市场和销售机会，进一步推动了产业的发展。

科技的快速发展为上海时尚消费品产业带来了广阔的发展空间。在加快建设具有全球影响力的科技创新中心方面，上海积极推动人工智能、大数据、虚拟现实等新兴技术与时尚产业的深度融合，开辟了创新的道路。在时尚设计方面，借助人工智能和大数据分析，设计师

能够更准确地洞察消费者的需求和趋势，提供更具创意和个性化的设计方案。同时，虚拟现实技术的应用使消费者能够身临其境地体验时尚产品，加强了消费者与品牌之间的互动和连接。在生产环节，上海积极探索智能制造和自动化生产技术，提高生产效率和产品质量。通过智能化的生产设备和流程优化，时尚消费品企业能够更快速地响应市场需求，实现定制化生产，提供更加个性化和多样化的产品。在销售和营销方面，利用大数据分析和互联网技术，建立全新销售渠道和营销模式。电子商务平台和社交媒体的兴起为时尚消费品企业提供了更广阔的市场覆盖和直接接触消费者的机会。通过精准的市场定位和个性化的营销策略，企业能够更好地满足消费者的需求，提升品牌影响力和市场份额。

四、挑战：国内外市场竞争激烈、可持续发展压力

国内外市场竞争激烈是上海时尚消费品产业面临的主要挑战之一。随着消费者对时尚消费品的需求日益多样化和个性化，市场竞争变得异常激烈。各类品牌纷纷涌入市场，不仅国内外知名品牌争相抢占份额，还有一大批新兴品牌崭露头角。这种激烈的竞争对上海时尚消费品产业提出了更高的要求。同时，时尚产业注重创新和设计，知识产权的保护对企业的核心竞争力也至关重要。然而，当前还存在一些知识产权保护措施不完善、侵权盗版问题严重的情况。

随着社会对环境保护和可持续发展的关注度不断提高，时尚消费品产业面临着推动可持续发展的压力。首先，时尚消费品的制造和生产过程涉及大量的资源消耗和能源排放，对环境造成了一定的压力。

废水、废气和废弃物的排放，以及使用化学物质对环境的影响，成为了关注的焦点。其次，时尚消费品产业对各类原材料的需求量巨大，包括纺织原料、染料、化学品等。然而，资源的有限性和可持续性使得上海时尚消费品产业面临着资源的供应压力。最后，消费者越来越注重环保、可持续和社会责任，越发关注产品生命周期的碳足迹，期望购买环保材料制成的产品，支持具有社会责任感的品牌。

第三节　走向可持续发展

生活方式的变革与创新技术的应用共同推动着时尚消费品行业日新月异地发展。上海是国内该行业的领头羊，引导行业走向可持续发展，有助于推动本土企业走向世界。

一、加强国际合作与交流

上海应继续深化对外开放，加强国际合作与交流，充分利用自贸区等政策优势，进一步吸引国际时尚品牌和资源进入市场，推动上海时尚消费品产业与国际市场的对接和合作。通过引进国际先进技术、设计理念和管理经验，不断提升产业的国际竞争力和影响力。同时，积极寻求与其他国内外时尚城市的合作，共同推动时尚产业的发展和创新。通过建立合作平台和交流机制，加强与伦敦、巴黎、纽约等国际时尚之都的合作，分享资源、经验和市场机遇。这种跨城市的合作将促进时尚产业的全球价值链合作，推动创新设计、供应链协同和市场开拓。并且，积极参与国际时尚展览和活动，展示上海时尚产业的成果和实力。通过参与国际时尚盛会，如时装周、展览会等，提升上海的品牌形象和知名度，吸引更多国际品牌和买家的关注与合作。此外，积极扩大对外投资，参与国际时尚产业的并购和合作，拓展海外市场，实现共赢发展。

二、提升时尚消费品产业支持

面对市场竞争，上海应积极采取措施，加强产业引导和支持。一方面，加大对中小型企业的支持力度，提供更多的创业创新支持政策和资金，帮助它们提升产品质量和竞争力。另一方面，推动企业加强品牌建设和市场营销能力，通过提升品牌影响力和知名度，树立企业在市场中的竞争优势。同时，鼓励企业加强技术创新和研发能力，不断推出具有自主知识产权的创新产品。通过加强与高校和科研机构的合作，加大科技创新投入，提高企业的研发水平和技术含量，为市场竞争提供更多的亮点和差异化竞争优势。此外，加强市场监管，打击假冒伪劣产品，维护市场秩序。通过加强知识产权保护、完善消费者维权机制等措施，提高消费者的购物信任度，增强市场的公平竞争环境。

三、引导时尚消费品产业践行可持续发展

为更好地践行可持续发展理念，上海政府应积极引导企业。首先，重视环保法律法规的制定和执行，强化对企业环境保护责任的监

管。通过加大对环境违法行为的打击力度，使企业转变传统的生产方式，采用更环保、低碳的生产工艺和材料，降低能源消耗和废弃物排放。其次，应鼓励企业加强绿色供应链建设，与供应商和合作伙伴共同推动资源共享和循环利用。通过建立绿色采购和绿色供应链管理机制，鼓励企业选择环保材料和可持续的供应商，推动整个供应链的可持续发展。此外，还要加强对消费者的教育和宣传，提高他们对可持续时尚的认识和理解。通过开展环保主题的宣传活动、推动绿色时尚消费的倡导，引导消费者理性消费，选择符合环保要求的产品和品牌，共同推动产业的可持续发展。

专栏　西文服饰——将 2 厘米的芯片做进服装业

服装业是基础性消费品产业和民生产业，也是人们美好时尚生活不可或缺的重要组成部分，该行业一直被认为是劳动密集型行业，近年来，服装行业不断贯彻新发展理念，逐渐实现产业转型升级，整体产业增长质量不断提升，科技含量、时尚体验不断增加，创新技术在传统行业中发出光彩，大大提高了产业的供给能力和资源配置能力，增强了产业的发展活力。

上海西文服饰有限公司是 1997 年由香港 SML 国际集团在上海投资组建的全资子公司。2006 年，西文服饰落户枫泾工业园区，此后西文服饰获评第 27 批市级企业技术

中心、市级高新技术企业、区科技小巨人等荣誉，如今，
西文服饰是上海市时尚领域的专精特新"小巨人"企业。

这家曾经拥有1500多位员工的劳动密集型企业，不
断以科技促发展，助转型，成长为目前在册员工400余
人，拥有30多项新型应用技术专利的高新科技型企业。

1. 用"2平方厘米"穿越周期

西文服饰主要研发生产各类服饰标签，包括吊牌、价
格牌、洗标、挂耳标、主标等，"2021年，我们实现了产
值超过6亿元，税收5000多万元。产值相比2020年增长
了10%左右。我们生产的标签从2020年的21亿个增长
到了2021年的34亿个。"在一次访谈中，上海西文服饰
有限公司生产副总经理王天桥表示。目前，西文服饰的产
品90%出口欧美，在全球有4000多家企业客户。

在全球经济低迷、逆全球化趋势日益显著的当下，不
少企业的海外业务遭遇困境，但西文服饰却凭借"2平
方厘米"，成功穿越周期，逆势扩大了自己的海内外合作
版图。

"2平方厘米"是指西文服饰引入传统吊牌、印唛等产
品印制中的RFID技术（Radio Frequency Identification，简
称RFID，即射频识别）。RFID技术最广为人知的应用是
高速公路上的ETC系统（电子不停车收费系统），西文服
饰从2012年开始尝试，将这一技术融入服饰商标中，制

作成电子标签，大大提高了货物管理效率。

王天桥在一次采访中表示："一家拥有3000件服饰的门店，如果用手持扫码仪一件一件清点，需要4—5个小时，而且差错无法避免。而感应机器人5分钟就能精准完成。店铺只需要1—2名员工，顾客自助挑选完商品后，将商品放置在感应区，系统立刻显示出商品名称、数量和总价。"相比于传统人工，电子标签系统强调了"无接触"，与"扫码"相比，这种即时感应方式提速了近60倍。在电子标签广泛应用于服饰行业的同时，其应用场景也延伸到了更为广阔的领域，例如纸币印刷油墨的全程追溯等。

2. 从电子标签开始转型

西文服饰从提供一张小小的电子标签开始探索将RFID技术应用于更广泛的领域，如今已经从提供芯片标签、读写识别设备到各种情景下的管理方案，都已经成为西文服饰的探索领域。

但公司董事长吴顺良表示，在对外营销的过程中，西文服饰一直苦于自身品牌的"束缚"。"公司给很多人的感觉是做服装的，或者说做吊牌的。而实际上，企业已经瞄准了高端产品——无线电子射频标签。"为此，西文服饰注册了上海西文东兴数字科技有限公司，通过成立新公司的方式提升品牌附加值，顺利完成从基础生产型企业向高科技企业的转型，将 RFID 技术发挥出更大的作用。

在探索 RFID 技术在零售领域的深度应用时，王天桥认为："门店即是配送中心，大数据 AI 赋能库存决策，数字化升级、提高用户线上体验，无接触式收银，带来的是全新的消费体验。"在不断将新技术纳入应用领域的过程中，西文服饰实现了科技赋能、降本增效，在小小的标签上做出大大的成就。

结　语

《中华人民共和国国民经济和社会发展第十四个五年规划和2035年远景目标纲要》中提出，要实施领航企业培育工程，培育一批具有生态主导力和核心竞争力的龙头企业。推动中小企业提升专业化优势，培育专精特新"小巨人"企业和制造业单项冠军企业。

上海作为我国经济发展的先行者，在建设"3＋6"新兴产业体系的过程中，始终关注产业体系中专精特新"小巨人"企业的发展，以企业为点带动产业链的整体稳固与成熟。在发展新兴产业体系的过程中，上海遇到的问题、取得的经验均值得借鉴。

近年来，上海"3＋6"产业体系的建设成就斐然，在三个先导产业方面，集成电路打破12英寸大硅片等产品的技术垄断；生物医药加快向"首发引领"转型，涌现出阿尔茨海默病等领域全球首研新药、PET-CT（正电子发射计算机断层显像）国际一流医疗器械等新产品；人工智能入选国家创新发展试验区和创新应用先导区，云端智能芯片取得突破。上海战略性新兴产业制造业产值从8064亿元提高到13931亿元，占规模以上工业总产值比重从26%提高到40%。

我国始终关注专精特新中小企业的发展，无数根本性创新诞生于这些企业，这些企业的发展与国家经济的发展紧紧相依，其活力代表着经济的韧性，因此必须精准施策，继续扶持专精特新企业。

在推进中国式现代化中，上海充分发挥龙头带动和示范引领作用。上海在"3＋6"产业的发展过程中，拥有独特的资源禀赋，也面临特殊的行业发展困难，本书基于对上海专精特新"小巨人"企业的调研与对行业数据的分析对此进行梳理，希望能更清晰地展现上海上述行业的发展现状，从而可以更好地利用上海的优势，改进现在存在的问题，以服务好"3＋6"产业的发展，并希望能以小见大，纵观上海发展"3＋6"产业的过程，为全国更深入推进新质生产力的发展提供更多值得参考和借鉴的经验。

展望未来，上海在进一步建设完善"3＋6"产业体系的过程中还应注意以下四点：

一、推动产业技术创新，促进成果落地转化

从政府角度来说，可以通过提供更多的研发经费和项目资助，从而鼓励企业加大研发投入；建立科技创新基金和风险投资基金，为创新型企业提供资金支持，促进产业技术创新；还可以建立联合研究院、工程实验室等机构，共同开展前沿领域的研究，培养高水平的科研团队，推动科技创新在产业中的应用。

从企业角度来说，作为创新主体，企业可以提升原创能力及自主研发能力；通过加强与高校、科研机构的合作，建立产学研联合创新平台，充分利用高校的科研力量和创新资源，进行技术研发和创新项

目，提高产业技术创新能力和科技成果转化率，实现产业升级和转型发展；还可以通过与行业用户合作，深入了解市场需求，加快将科技成果转化为实际应用解决方案。

二、加强产业国际合作与交流

加强国际合作平台的建设。通过建立产业国际交流合作平台，吸引国际企业、高校和科研机构参与合作，共同推动产业发展。同时，借助组织国际性展览、论坛等一系列活动，提升上海产业的国际影响力，对接国际市场。

加强与国际企业的沟通与合作。鼓励上海本地企业与国际知名企业开展合作项目，共同研发新技术、新产品，建立长期稳定的合作机制，推动技术、资源和市场的共享，提高产品质量和竞争力。

积极参与国际标准和贸易规则的制定。加强与国际组织的合作，参与制定国际产业的技术标准和质量认证，争取获得更加公平、开放的市场准入条件及营商环境。

三、针对产业链安全采取专项措施

推动与其他城市合作，确定并补齐目前产业链循环中的短板，实现产业链循环畅通。寻找和挖掘在细分领域中的优质企业，让它们在产业链、供应链中发挥更重要作用。在这一过程中培育一批具有全球竞争力的世界一流企业和一批具有生态主导力的产业链"链主"企业，在产业链重要节点形成更多专精特新"小巨人"企业和单项冠军企业，促进大中小企业融通发展。针对现有专精特新"小巨人"企业，增加培育和服务力度，给予其成长所需的土壤，打通银行与企业的信息壁垒，帮助企业获得所需融资，增加企业的活力与生机。

与此同时，加快建设市场化、法治化、国际化、便利化的营商环境，增强外资企业在华投资运营的信心。

四、助力本土专精特新"小巨人"企业"走出去"

上海"3＋6"产业的发展始终立足国内、面向全球，在细分领域诞生的不少专精特新"小巨人"企业有着强烈的"走出去"需求，它们的产品技术附加值高，在行业内广受好评，但受制于企业规模和资金问题，难以单枪匹马在国际市场参与竞争，需要关于国际贸易、法律以及知识产权方面的支持。以生物医药产业为例，在针对企业遇到的国内临床试验结果在国际注册时不认可、药品专利保护国际认定条件不对等、海关通关效率有待提升等问题，可以进一步加强新药审评审批技术规范、知识产权保护及认定、海关信息标准的国际接轨和结果互认，破除制度规则差异造成的企业经营障碍。探索海关监管新模式，在这一领域上海已经在积极建立生物医药国际合作研发便捷通道、企业（研发机构）进口用物品"白名单"制度等，推动研发用物品及特殊物品通关便利化，今后这一试点范围应继续扩大，让更多企业有机会走向全球。

参考文献

1. 复旦发展研究院金融研究中心：《金融学术前沿：浅谈中国半导体产业发展的困境和出路》，载复旦发展研究院官网，2022年4月23日。

2.《上海市人民政府办公厅关于印发〈上海市先进制造业发展"十四五"规划〉的通知》，载上海市人民政府官网，2021年7月6日。

3. 汪子旭：《统筹协调综合施策　力促民营经济发展》，《经济参考报》，2023年9月5日。

4.《龚正市长在上海市第十六届人民代表大会第一次会议的政府工作报告（2023年）》，载上海市人民政府官网，2023年1月17日。

5. 闫梅、刘建丽：《赶超与发展：我国集成电路产业链布局与优化对策》，《齐鲁学刊》2023年第6期。

6. 陆斐、刘小玲：《上海提升集成电路产业链现代化的路径研究》，载上海市科学学研究所官网，2022年5月26日。

7. 上海市经济和信息化委员会、上海市集成电路行业协会：《2021年上海集成电路产业发展研究报告》，《集成电路应用》2021年增刊。

8. 朱晶、赵佳菲、史弘琳、韩晓琳：《2020年中国集成电路产业现状回顾和新时期发展展望》，《中国集成电路》2020 年第 11 期。

9. 许宁生：《科创中心建设背景下上海集成电路产业创新与发展》，载世界科学网，2019 年 11 月 29 日。

10.《上海：中国集成电路产业的一面旗帜》，《全球半导体观察》2018 年 8 月 10 日。

11. 岑晓天：《聚焦中国产业：2022 年上海市特色产业之集成电路产业全景分析》，载前瞻网，2022 年 3 月 28 日。

12. 谢姞青、李培鑫：《上海电子信息产业的现状和未来》，载人民网，2021 年 9 月 28 日。

13. 孙婉然：《上海生物医药产业优劣势分析与发展建议》，载澎湃新闻网，2022 年 12 月 1 日。

14. 汤蕴懿、龚朝晖：《上海生物医药产业发展亟需解决的三大瓶颈是什么》，载上观新闻网，2022 年 7 月 29 日。

15.《赛迪顾问奋进十年系列研究：中国人工智能产业的奋进十年》，载 21 世纪网，2022 年 9 月 7 日。

16.《赛迪顾问奋进十年系列研究：中国生物医药产业的奋进十年》，载 21 世纪网，2022 年 9 月 30 日。

17.《上海市经济信息化委等关于印发〈关于推进上海市生物医药研发与制造协同发展的若干举措〉的通知》，载上海市人民政府官网，2021 年 10 月 21 日。

18.《一图读懂〈上海市生物医药产业发展"十四五"规划〉》，载上海市经信委官网，2021 年 12 月 31 日。

19.《2021 年上海生物医药产业规模超 7000 亿元》，《文汇报》2022 年 1 月 20 日。

20. 孙婉然：《上海生物医药产业优劣势分析与发展建议》，载澎湃新闻网，2022 年 12 月 1 日。

21.《上海市生物医药产业发展白皮书》，载央视新闻网，2022 年 1 月 20 日。

22.《上海生物医药产业人才发展白皮书（2022 精简版）》，载网易网，2023 年 1 月 30 日。

23.《2023 年 9 月份规模以上工业增加值增长 4.5%》，载国家统计局官网，2023 年 10 月 18 日。

24.《2021 年度全球人工智能治理趋势盘点》，载清华大学人工智能国际治理研究院官网，2022 年 4 月 1 日。

25. 中国信息通信研究院：《人工智能白皮书（2022 年）》，载中国信息通信研究院官网，2022 年 4 月 12 日。

26.《上海市经济和信息化委员会关于印发〈上海市人工智能产业发展"十四五"规划〉的通知》，载上海市人民政府官网，2021 年 12 月 28 日。

27.《关于〈关于新时期强化投资促进加快建设现代化产业体系的政策措施〉的政策解读》，载上海市人民政府官网，2023 年 5 月 29 日。

28. 吴鹏飞：《稳经济大盘背景下上海人工智能产业发展现状及建议》，载澎湃新闻网，2022 年 8 月 30 日。

29.《上海"一网通办"用户已超八千万，累计办件量达 3.36 亿件》，载澎湃新闻网，2023 年 5 月 11 日。

30. 周烨：《构筑产业科创生态　推进区域协同创新——长三角科技产业创新论坛在上海举行》，《中国科技产业》2021 年第 11 期。

31.《2022—2023 年中国电子信息产业发展研究年度报告》，载满天星网。

32.《国家互联网信息办公室发布〈数字中国发展报告（2022年）〉》，载中华人民共和国国家互联网信息办公室官网，2023 年5 月 23 日。

33.《上海市经济和信息化委员会关于印发〈上海市电子信息产业发展"十四五"规划〉的通知》，载上海市人民政府官网，2021年 12 月 30 日。

34.《上海市人民政府办公厅关于印发〈上海市推动制造业高质量发展三年行动计划（2023—2025 年）〉的通知》，载上海市人民政府官网，2023 年 5 月 18 日。

35. 谢婼青、李培鑫：《上海电子信息产业的现状和未来》，载人民网，2021 年 9 月 28 日。

36.《生命健康产业迎来发展春天，如何蝶变?》，载腾讯网，2022 年 11 月 2 日。

37.《加速科创成果转化和孵化！张江生命健康产业孵化天使基金正式运作》，载上观新闻网，2023 年 8 月 18 日。

38.《工业和信息化部　发展改革委　科技部关于印发〈汽车产业中长期发展规划〉的通知》，载中国政府网，2017 年 4 月 6 日。

39.《关于印发〈智能汽车创新发展战略〉的通知》，载中国政府网，2020 年 2 月 10 日。

40.《国务院办公厅关于印发新能源汽车产业发展规划（2021—2035 年）的通知》，载中国政府网，2020 年 10 月 20 日。

41.《上海市人民政府办公厅关于印发〈上海市加快新能源汽车

产业发展实施计划（2021—2025 年）〉的通知》，载上海市人民政府官网，2021 年 2 月 7 日。

42.《上海市人民政府办公厅关于印发〈上海市加快智能网联汽车创新发展实施方案〉的通知》，载上海市人民政府官网，2022 年 8 月 23 日。

43.《汤文侃：上海将全力打造产业规模最大的汽车产业集群》，载中国汽车论坛微信公众号，2022 年 12 月 18 日。

44. 李芃达：《近十年装备工业增加值年均增长 8.2%　保持中高速》，《经济日报》2022 年 9 月 8 日。

45.《工信部副部长：我国制造业要大力度"引进来"高水平"走出去"》，载人民网，2018 年 7 月 14 日。

46.《上海市经济信息化委关于印发〈上海市高端装备产业发展"十四五"规划〉的通知》，载上海市经济和信息化委员会官网，2021 年 12 月 20 日。

47.《三部委关于印发"十四五"原材料工业发展规划的通知》，载中国政府网，2021 年 12 月 21 日。

48. 李元元：《中国先进材料领域发展现状及未来发展战略》，《科技导报》2023 年第 19 期。

49.《上海市经济信息化委关于印发〈上海市先进材料产业发展"十四五"规划〉的通知》，载上海市经济和信息化委员会官网，2021 年 12 月 30 日。

50.《中华人民共和国国民经济和社会发展第十四个五年规划和 2035 年远景目标纲要》，载中华人民共和国国家发展和改革委员会官网，2021 年 3 月 23 日。

51.《五部门关于印发数字化助力消费品工业"三品"行动方案（2022—2025 年）的通知》，载中国政府网，2022 年 6 月 30 日。

52.《上海市经济和信息化委员会等关于印发〈上海市时尚消费品产业高质量发展行动计划（2022—2025 年）〉的通知》，载上海市人民政府官网，2022 年 9 月 8 日。

53. 李晔:《上海发布产业发展行动计划　2025 年时尚消费品产业规模超 5200 亿元》，《解放日报》2022 年 12 月 16 日。

54. 姬晓婷:《上海:2025 年电子信息产业规模将超 2.2 万亿元》，《中国电子报》2022 年 1 月 7 日。

55. 卢长利、梁亮亮:《上海生物医药产业 SWOT 分析及发展对策》，《江苏商论》2015 年第 6 期。

56.《广东省工业和信息化厅　广东省发展改革委　广东省科学技术厅　广东省商务厅　广东省市场监督管理局关于印发广东省培育高端装备制造战略性新兴产业集群行动计划（2021—2025 年）的通知》，载广东省人民政府官网，2020 年 10 月 9 日。

57.《湖南省人民政府办公厅关于印发〈湖南省"十四五"战略性新兴产业发展规划〉的通知》，载湖南省人民政府官网，2021 年 8 月 19 日。

58.《浙江省经济和信息化厅关于印发浙江省高端装备制造业发展"十四五"规划的通知》，载浙江省经济和信息化厅官网，2021 年 4 月 28 日。

59.《省发展改革委关于印发〈浙江省消费升级"十四五"规划〉的通知》，载浙江省发展和改革委员会官网，2021 年 5 月 25 日。

60. 陈隽:《上海人工智能产业发展的 SWOT 分析》，《科技创新导报》2022 年第 12 期。

61. 孙婉然：《产业与治理｜上海生物医药产业优劣势分析与发展建议》，载澎湃新闻，2022 年 12 月 1 日。

62.《上海：中国集成电路产业的一面旗帜》，载观察者网，2018 年 8 月 9 日。

63.《赛迪顾问奋进十年系列研究：中国生物医药产业的奋进十年》，载 21 经济网，2022 年 9 月 30 日。

64. 吴丽琳：《上海：到 2025 年集成电路产业实现规模倍增》，《中国电子报》2021 年 9 月 17 日。

65.《四部门关于印发原材料工业"三品"实施方案的通知》，载中华人民共和国工业和信息化部官网，2022 年 9 月 14 日。

66. WSTS，WSTS Semiconductor Market Forecast，https://www.wsts.org/76/103/WSTS-Semiconductor-Market-Forecast，2023-11-28.

后　记

一个美好的时代，一群可爱的人，
一座城市的精神

　　2024年"十一"假期前一天收到这本书厚厚的样稿，满是惊喜。

　　上海是一个可以去探寻无限可能的城市：这里有无数可爱的人，有跃动的思想，有执着的精神，有让创新创业者成长的沃土环境。也正因为这一切，上海成为中国乃至全球最具有魅力的城市之一，很多人来到这里成就他们的梦想，定居下来生活——这也是我们在做"专精特新小巨人"调研项目时的深刻感受。

　　据2024年数据统计，上海市常住人口达到2480.26万人，其中户籍人口为1496.77万人，有近1000万人为非户籍人口。这座城市吸引人的魅力来自哪里？在我们这次始于2022年的专精特新"小巨人"企业的调研中，可以看见由生活在上海这座城市里的人写就的上海城市精神。这近乎可以形成上海这座城市的产业文化与文明。

　　很多创业者都会在谈论自己企业取得的诸多成绩和成长历程时，发自内心地说一句话：我们赶上了一个好的时代，才有可能去做想做的事，取得事业上的成功。

　　是的，这是一个好的时代，这个城市里也充满着培育一切可能性的空气，有梦想就可以大胆去实践，所以我们可以看到万千创业者带出了万千个细分业态。在我们的走访案例中，很多创业者的创业初心恰恰是来自自己的生活经历或者偶然发现现实需求的一次机缘巧合点燃了心中的创业梦想。梦想是美妙的。能够梦想成真是幸福的。这一代创业者与改革开放之初的那一代创业者有着很大的不同，不再仅仅是为了生存而创业。

截至 2024 年 11 月的数据，上海是专精特新小巨人上市企业数量最多的城市。国家提出要发展专精特新的时间是 2015 年。10 年时间，整个社会有了关注这个群体的热情和动力，这是一件好事，引导产业价值取向变得更加务实。

我们正式开始一家一家企业走访的时候，全球经济正处在刚刚经历一场重大疫情冲击后的修复期。人们都说在风和日丽的时候看不出谁最有实力，只有经历风雨才能显出韧性。我们调研的上海这些小巨人企业都凭借着它们在产业链上的不可或缺性成为这一轮经济周期中的强者。有的企业创始人告诉我们，虽然订单量的确暂时降低了，但是并没有对企业的经营带来实质性影响。这也让我们更加确信，经济向实发展的重要性，科技推动企业发展的韧性支持力量。

在本书即将付梓之际，我向那些为本课题项目推进提供建议的每一位评审专家，向项目合作伙伴上海市中小企业发展服务中心，向参与我们这一季企业调研的各家专精特新小巨人企业受访创始人、共同奋斗过的同事和朋友们表示由衷感谢。向大力支持我们的上海市哲学社会科学规划办公室、上海人民出版社表示感谢。正是大家洒下了汗水、倾注了温暖、付出了智慧才有了这本书的出版。在此，一并感谢本书的其他两位作者，分别是何啸、刘慧雯。

我热爱曾经在一起奋斗过的日子，也期待在未来路上我们还能有一次又一次的美好相逢，共同去做更多有趣又有意义的事。

有幸记述这些专精特新小巨人创业者们，看见上海这座城市在新时代经济与社会高质量发展中的开放与包容。现在与未来，还有很多可以书写。

第一财经研究院执行院长　于　舰

2025 年 2 月 16 日

图书在版编目(CIP)数据

新质之力：上海专精特新"小巨人" / 于舰等著.
上海 ： 上海人民出版社，2025. -- ISBN 978-7-208
-19294-2

Ⅰ. F279.243

中国国家版本馆 CIP 数据核字第 2024H4C038 号

责任编辑 裴文祥
封面设计 汪　昊

新质之力：上海专精特新"小巨人"
于　舰　等著

出　　版　上海人氏出版社
　　　　　（201101　上海市闵行区号景路 159 弄 C 座）
发　　行　上海人民出版社发行中心
印　　刷　上海中华印刷有限公司
开　　本　787×1092　1/16
印　　张　16.75
插　　页　2
字　　数　186,000
版　　次　2025 年 6 月第 1 版
印　　次　2025 年 6 月第 1 次印刷
ISBN 978 - 7 - 208 - 19294 - 2/F・2905
定　　价　75.00 元